2訂版（補訂）
目でみてわかる

消防ポンプ操法

編集／消防ポンプ操法研究会

東京法令出版

目　次

第1編　ポンプ車操法

第1章　ポンプ車操法の基礎知識 ··· 2
　§1　操法実施上の基本的留意事項 ··· 2
　§2　ポンプ車操法の定位 ··· 2
　§3　ポンプ車の基礎知識 ··· 3
　§4　ポンプ車操法で使用する主な消防機械器具 ································· 4
　§5　服　装 ··· 6

第2章　待機・集合～乗車・下車 ··· 7
　§1　待　機 ··· 7
　§2　操法開始合図 ··· 7
　§3　集　合 ··· 8
　§4　点　呼 ··· 10
　§5　開始報告 ··· 10
　§6　想定付与 ··· 11
　§7　乗　車 ··· 11
　§8　下　車 ··· 15

第3章　第1線延長 ··· 17
　§1　指揮者の操作 ··· 17
　§2　1番員の操作 ··· 20
　§3　2番員の操作 ··· 27
　§4　3番員の操作 ··· 36
　§5　4番員の操作 ··· 42

第4章　第2線延長 ··· 48
　§1　第2線延長開始合図 ··· 48
　§2　指揮者の操作 ··· 48
　§3　1番員の操作 ··· 49
　§4　2番員の操作 ··· 49
　§5　3番員の操作 ··· 57
　§6　4番員の操作 ··· 65
　§7　第1線・第2線延長体系図 ·· 68

§8　火点標識 …………………………………………………………………………………… 68

第5章　放水中止 ……………………………………………………………………………… 69
　　§1　放水中止合図 ……………………………………………………………………………… 69
　　§2　指揮者の操作 ……………………………………………………………………………… 69
　　§3　1番員・2番員の操作 …………………………………………………………………… 70
　　§4　3番員の操作 ……………………………………………………………………………… 73
　　§5　4番員の操作 ……………………………………………………………………………… 76

第6章　収　納 …………………………………………………………………………………… 79
　　§1　収納合図 …………………………………………………………………………………… 79
　　§2　指揮者の操作 ……………………………………………………………………………… 79
　　§3　1番員・2番員の操作 …………………………………………………………………… 81
　　§4　3番員の操作 ……………………………………………………………………………… 84
　　§5　4番員の操作 ……………………………………………………………………………… 85
　　§6　集合線へ移動 ……………………………………………………………………………… 87

第7章　身体・服装の点検 ……………………………………………………………………… 88
　　§1　点検要領 …………………………………………………………………………………… 88
　　§2　点検のポイント …………………………………………………………………………… 88

第8章　報告・解散 ……………………………………………………………………………… 89
　　§1　点検報告 …………………………………………………………………………………… 89
　　§2　終了報告 …………………………………………………………………………………… 91
　　§3　解　散 ……………………………………………………………………………………… 92
　　§4　撤　収 ……………………………………………………………………………………… 92

第9章　全部の収納 ……………………………………………………………………………… 93
　　§1　指揮者の操作 ……………………………………………………………………………… 93
　　§2　1番員・2番員の操作 …………………………………………………………………… 96
　　§3　3番員の操作 ……………………………………………………………………………… 99
　　§4　4番員の操作 ……………………………………………………………………………… 104
　　§5　集合線へ移動し、身体・服装の点検及び報告・解散 ………………………………… 108

第2編　小型ポンプ操法

第1章　小型ポンプ操法の基礎知識……………………………………………110
§1　操法実施上の基本的留意事項……………………………110
§2　小型ポンプ操法の定位……………………………110
§3　小型ポンプの基礎知識……………………………111
§4　小型ポンプ操法で使用する主な消防機械器具……………………………111
§5　服　装……………………………112

第2章　待機・集合〜定位につく……………………………………………113
§1　待　機……………………………113
§2　操法開始合図……………………………113
§3　集　合……………………………114
§4　点　呼……………………………116
§5　開始報告……………………………117
§6　想定付与……………………………119
§7　定位につく……………………………119

第3章　第1線延長……………………………………………121
§1　指揮者の操作……………………………121
§2　1番員の操作……………………………128
§3　2番員の操作……………………………135
§4　3番員の操作……………………………141

第4章　筒先員交替……………………………………………146
§1　筒先員交替……………………………146
§2　延長体系図……………………………148

第5章　放水中止……………………………………………149
§1　放水中止合図……………………………149
§2　指揮者の操作……………………………149
§3　1番員の操作……………………………150
§4　2番員の操作……………………………152
§5　3番員の操作……………………………155

第6章　収　納 …………………………………………………………… 156
　§1　収納合図 ……………………………………………………………… 156
　§2　指揮者の操作 ………………………………………………………… 156
　§3　1番員の操作 ………………………………………………………… 158
　§4　2番員の操作 ………………………………………………………… 161
　§5　3番員の操作 ………………………………………………………… 162
　§6　集合線へ移動し、身体・服装の点検 ……………………………… 162

第7章　報告・解散 ……………………………………………………… 163
　§1　点検報告 ……………………………………………………………… 163
　§2　終了報告 ……………………………………………………………… 165
　§3　解　散 ………………………………………………………………… 166
　§4　撤　収 ………………………………………………………………… 166

第8章　全部の収納 ……………………………………………………… 167
　§1　指揮者の操作 ………………………………………………………… 167
　§2　1番員の操作 ………………………………………………………… 169
　§3　2番員の操作 ………………………………………………………… 172
　§4　3番員の操作 ………………………………………………………… 176
　§5　集合線へ移動し、身体・服装の点検及び報告・解散 …………… 178

ご留意いただきたい事項

・写真は、説明に該当する隊員以外の隊員の動きを省略しているものがあります。
・図中の移動を示す矢印及びホース等を置く位置は、一例として記載しています。
・大会前の変更などにより消防操法大会の要領と本書の内容は異なる場合があります。

第1編 ポンプ車操法

第1編 ポンプ車操法

第1章 ポンプ車操法の基礎知識

§1 操法実施上の基本的留意事項

- 安全を確保するとともに、確実かつ迅速に行う。
- 行動・動作は原則かけ足とし、動作・操作の区切りは節度正しく行う。
- 使用消防機械器具に精通するとともに、その愛護に努める。
- 指揮者及び各隊員は、相互に緊密な連携を保ち、一体性のある行動・動作を行う。
- 逐次、操作の分担を交替し、いずれの操作にも習熟し、実践的要領の体得に努める。

§2 ポンプ車操法の定位

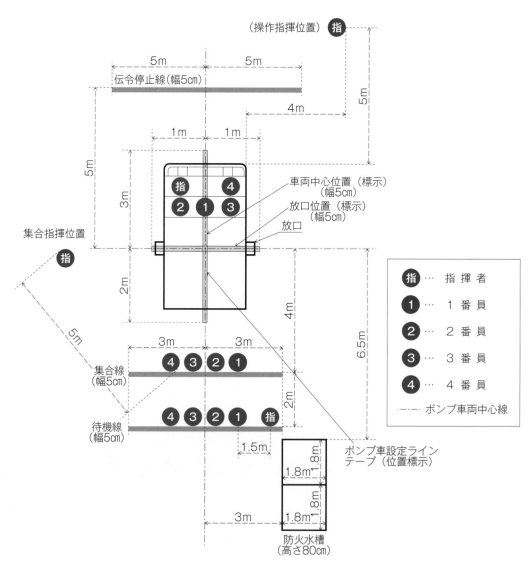

図1.1 ポンプ車操法の定位

§3 ポンプ車の基礎知識

1 CD型ポンプ車

吸管控綱
・吸管控綱の取付け位置は籐かご付近でよい。
・吸管控綱の余剰部分の処理については規定しない。
・吸管控綱の端末には10cmと分かる目印を付けない。

スロットルバルブ
・ポンプのボタン式等自動揚水装置は使用してもよいものとする。使用した場合は、あえて手動揚水動作は必要ない（小型ポンプも同じ）。

どの座席位置の窓も全開にする。

とび口
・とび口は必ずキャッチにはめ込み（方向は問わない）、この際、刃先は車両の後方側の位置とし、操法隊員に向けられることなく、安全に操作できること。なお、とび口収納場所が外面にない車両にもキャッチを取り付けて、とび口をセットする。

サイドミラーを倒した状態で行わない。

ホース
・使用ホースは消防用ホースに限る。
・ホースの積載位置は、ステップ後端からめす金具の端までの間を30cm以上離し、手前にあるめす金具が浮かないように6本を一列に並べて置く（ホースの間隔は問わない）。
・ホース積載スペースを確保できない場合については、ステップ後端（テールランプを含む）を越えてホースを並べる板を設けることができる。なお、その板の幅は車幅に合わせることとする。
・ホースを並べる板を設ける場合、板の材質は木板又は鉄板とし、仕切りを設けずフラットにする。
・椅子やボックス等が妨げとなり、ホースが一列に並べられない場合には、椅子等を取り外すか、その上に板を設けホースを並べる。ただし、椅子等を取り外すことができない構造等やむを得ない場合、6本のうち2本を椅子等の上に置くことができる。

筒先
・筒先用のキャッチと受けを必ず付ける（ホースを並べる板を設ける場合も同じ）。

図1.2 CD型ポンプ車の各部の名称

2　ＢＤ型ポンプ車

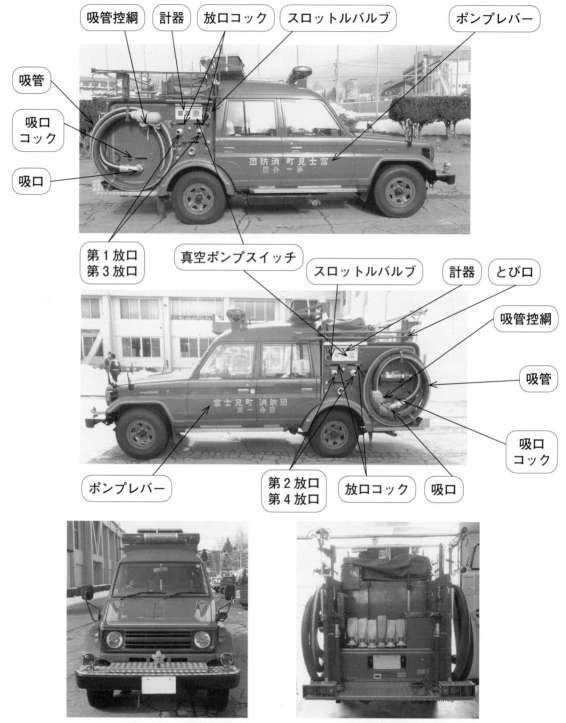

図1.3　ＢＤ型ポンプ車の各部の名称（写真提供：富士見町消防団／長野県）
※　写真には、消防操法大会時に積載しない消防機械器具も含まれています。

§4　ポンプ車操法で使用する主な消防機械器具

ポンプ車操法で使用する主な消防機械器具は、右表のとおりである。

このうち、筒先、枕木、とび口及び吸管控綱は小型ポンプ操法と共通のものである。

操法に使用する消防機械器具の不要な工作や、ぎ装をしてはならない。

表1.1　ポンプ車操法で使用する主な消防機械器具

消防用ホース （使用圧力1.3MPa以上、65mm×20m以上）	6本
吸管（75mm×8m以上）	1本
筒先（23型以下の噴霧ノズル付）	2本
車輪止め	1対
枕木	1個
とび口（1.5m以上）	1本
吸管控綱（10mm×10m以上）	1本

第1章 ポンプ車操法の基礎知識

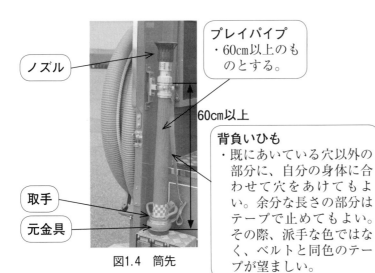

図1.4 筒先

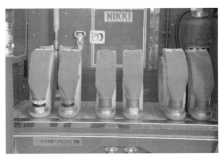

図1.5 消防用ホース

図1.6 とび口

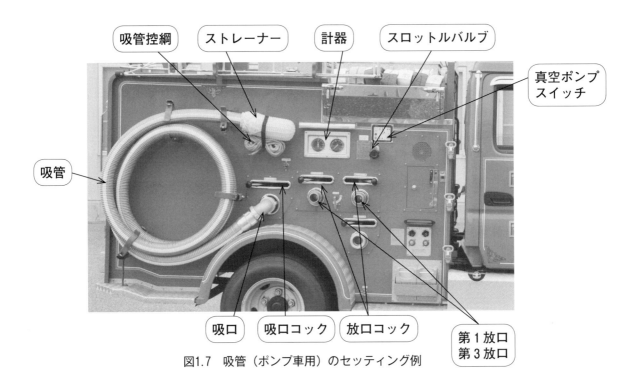

図1.7 吸管（ポンプ車用）のセッティング例

図1.8 車輪止め

図1.9 枕木

§5 服装

(1) ヘルメットは帽章が正面にくるように着帽し、顎ひもはヘルメットが頭部に密着するように結着する。
　なお、顎ひもが長い場合は端末を処理する。
(2) ベルトのバックルは体の中央部にくるようにする。
　なお、ベルトの長さは内側で調整する。
(3) 活動服等は、上衣とズボンの線が一直線になるように着装する。
(4) 編上靴を使用する場合は、靴ひも等は完全に結着し、ひもの端末は靴の中に入れる。
(5) ボタンのついている箇所は全部とめる（襟の部分までボタンがある場合は、第1ボタンを外してもよい）。
(6) アウトポケットのふたは、全部表に出してとめる。
(7) 下着・靴下・手袋は、安全管理のため原則として着用する。
(8) ゼッケンは胸部及び背部に完全に着帯し、結着ひもの端末は結ぶ等の処理をする（大きさの基準は横25cm、縦24cmで、生地は白色、黄色、橙色のいずれか1色とし、文字及び数字は黒色とする。取り付け方法は問わないが、ゼッケンには文字以外のものは一切表示しない。※大会実施要綱に記載）。
(9) 階級章は付けなくてよい。

正面

側面

背面

第 2 章　待機・集合～乗車・下車

第 2 章　待機・集合～乗車・下車

§1　待　機

1 2　指揮者は、待機線上に 1 番員の右1.5mの位置で、整列休めの姿勢で待機する。各隊員は、待機線上に一列横隊の隊形で、2 番員と 3 番員の中間がポンプ車の中央になるよう整列し、その後、整列休めの姿勢で待機する。

「整列休め」のときの、背面における手の組み方は、左手で右手の甲と四指を軽く握り、親指を交差させる。

Point
・ 整列は、かかとを待機線上（5 cm幅間）で合わせる。

§2　操法開始合図

1 2 3　審査班長が、白旗を正面水平の位置から、真上に振り、「**操法開始**」と合図する。

Point
・ 開始の合図は、直接口頭により開始の意思確認を行った後とする。

第1編　ポンプ車操法

§3　集　合

1　集合指揮位置へ移動（指揮者）

1　（合図により）指揮者は整列休めの姿勢から、基本の姿勢をとり、
2　集合指揮位置の方向に半ば左向けを行い、
3　足を引きつけて、
4　かけ足行進の要領で、左足から発進し、
5　集合指揮位置にいたり、左向け止まれの要領で、
6　停止し、
7　両手を下ろし、基本の姿勢から「**集まれ**」と号令する。

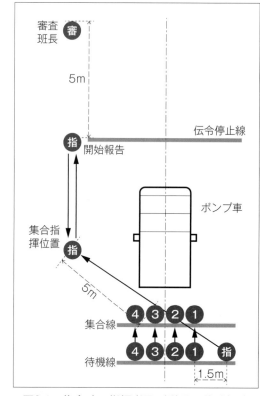

図2.1　集合時の指揮者及び隊員の移動経路

— 8 —

2　隊員集合

1. 各隊員は整列休めの姿勢から、指揮者の「集まれ」の号令で基本の姿勢をとり、
2. 次いで、かけ足行進の要領で、手を軽く握って腰に上げ、
3. 左足から第1歩を踏み出し、
4. おおむね2歩半で集合線にいたり、右足を左足に引きつけて停止し、
5. 両手を下ろして、基本の姿勢をとる。

Point

- （集合時又は収納時に）集合線に入るときは、集合線を見ながら入らないこととする。

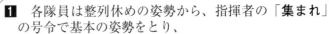

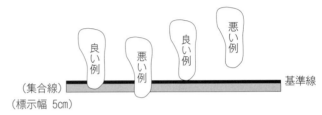

図2.2　集合線における足の位置（良い例・悪い例）

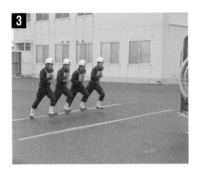

3　自主整頓

1. 隊員は2番員を基準に自主整頓する。
   * 1番員は基本の姿勢のまま、頭のみ2番員の方向に向ける。
   * 2番員は、右手を側方に張り、前方を直視する。
   * 3番員・4番員は、右手を側方に張り、頭を2番員の方向に向ける。
2. 次いで、
   * 1番員は整頓が完了したと判断したならば、頭を正面に向け、基本の姿勢をとる。
   * 2番員・3番員・4番員も手を下ろし、基本の姿勢をとる。

Point

- 集合線上に整頓する場合には、1番員が小声で「よし」と合図してもよい。
- 2番員・3番員・4番員が手を下ろすタイミングは、「同時一斉に」でもよいし、「2番員・3番員・4番員の順」でもよい。

Point

- 集合指揮位置での指揮者の向きは、集合線上で整頓を終えた2番員と3番員の間で、全番員が監視できる位置とする。

第1編 ポンプ車操法

§4 点呼

1 指揮者は、隊員が集合線に整列確認後、「**番号**」と号令する。
2 号令により1番員から順に、各自の番号を呼唱する。

Point
- 指揮者は、基本の姿勢で号令をかける。
- 隊員の番号の呼唱は、声量、タイミング等、斉一を期するよう留意する。
- 指揮者は、首を振って監視をしてもよいが、上体を前後左右に動かしたりしてはならない。

§5 開始報告

1 開始報告位置へ移動（指揮者）

1 指揮者は基本の姿勢から、審査班長の方向に大きく左向けをし、
2 足を引きつけて基本の姿勢をとり、手を軽く握って腰に上げ、
3 かけ足行進の要領で、左足から発進する。

2 開始報告

1 審査班長の前方5mの位置で停止し、手を下ろして基本の姿勢をとり、
2 挙手注目の敬礼を行う。
 ＊ 審査班長、答礼。

Point
- 開始報告の間、隊員は基本の姿勢で待つ。

3 審査班長が手を下ろした後、
4 指揮者は手を下ろし、基本の姿勢で、「〇〇県（都道府）〇〇市（町村）消防団、ただいまからポンプ車操法を開始します」と報告する。

Point
- 指揮者が開始報告（又は終了報告）したときは、審査班長は「よし」と合図する。

第2章 待機・集合～乗車・下車

5 開始報告が終了したら指揮者は挙手注目の敬礼を行い、審査班長が答礼し手を下ろした後、手を下ろし、基本の姿勢をとる。
6 次いでまわれ右をし、かけ足行進の要領で、集合指揮位置に向けて発進する。

§6 想定付与

1 指揮者は集合指揮位置にいたり、隊員に相対するように左向け止まれの要領で停止し、基本の姿勢をとり、「火点は前方の標的、水利はポンプ車右側後方防火水槽、手びろめによる二重巻ホース1線延長」と付与する。

☞ Point
・指揮者の号令・報告・想定付与等は、一字一句間違えないこと。
・隊員は基本の姿勢で想定を受ける。

§7 乗車

1 指揮者の乗車

1 指揮者は基本の姿勢のまま、「**乗車**」と号令し、
2 直ちに半ば左向けの要領でポンプ車に正対し、各隊員の乗車状況を監視する。

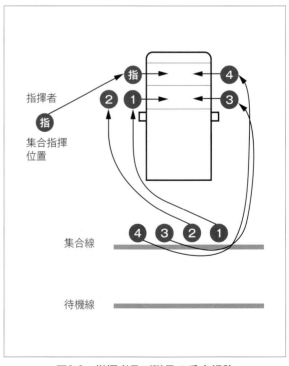

図2.3 指揮者及び隊員の乗車経路
＊それぞれの乗車経路は、一例として示したもの。

第1編　ポンプ車操法

> 3　隊員の乗車完了を確認した後、指揮者は、自己の乗車する位置に向きを変え、
> 4　足を引きつけ、
> 5　かけ足行進の要領で左足から発進し、
> 6　乗車できる位置に停止し、ドアを開け（ドアの開放は、両手でも片手でもよい）、
> 7　付近の手すり等の固定具を活用して乗車し、
> 8　ドアを閉める。

> 👉 **Point**
> ・ポンプ車への乗車は、両手で手すり等の固定具などを保持すると同時に、片足をステップや床に乗せ、3点で支持する（隊員も同じ）。

2　隊員の乗車

(1)　乗車位置へ移動

> 1　指揮者の「**乗車**」の号令で、隊員は一斉に発進方向に向きを変え（1番員・2番員は半ば左向けをし、3番員・4番員は大きく右向けをする）、
> 2　足を引きつけ、基本の姿勢をとる。

3 次いで、かけ足行進の要領で左足から発進し、
4 1番員・2番員は、ポンプ車の左側の乗車位置に、右向け止まれの要領で、ポンプ車に正対して停止し、
5 3番員・4番員は、ポンプ車の右側の乗車位置に、左向け止まれの要領で、ポンプ車に正対して停止する。

Point
- 1番員と2番員はおおむね1歩離れる。

(2) 1番員・2番員の乗車（車両左側からの乗車）

1 4番員の「よし」の合図で、1番員はドアを開け、
2 両手で手すり等の固定具を握り乗車する（2番員は、その間、基本の姿勢で待つ）。

3 続いて、2番員が両手で手すり等の固定具を握り乗車し、
4 ドアを閉める。

Point
- 乗車時、ドアを開け、さらに移動する場合は、基本の姿勢、いたりの姿勢のどちらでもよい。
- 乗車は、左右いずれの足からでもよい（乗車側でそろえればよい）。
- ステップ（床）に足をきちんと乗せて乗車する。前かがみの乗車はしない。
- 乗車後の姿勢は、付近の手すり等を順手で握り、走行時の振動等に対応できる姿勢とし、足は正しく床面に置く。

第1編　ポンプ車操法

(3) 3番員・4番員の乗車（車両右側からの乗車）

1　4番員の「よし」の合図で、3番員・4番員は、一斉にドアを開け、
2　次いで、両手で手すり等の固定具を握り乗車する。

Point
・車両ドア、ピラー、ハンドルは、固定具とはならない。

3　3番員・4番員はそろえてドアを閉め、
4　4番員は、乗車後直ちにエンジンを始動させ、ステアリング・ホイールを確実に握る。

Point
・4番員は乗車後のエンジン始動時に、ポンプメインスイッチ（パネル式操作盤等の起動スイッチ）を入れてもよい。
・ステアリングの下部を握らない（4番員）。

(4) 乗車後の操作

1 2　指揮者は乗車後、直ちに「**操作始め**」と号令し、隊員はドアを開放する（ドアなしポンプ車では安全バンドを外す）。ポンプを作動させるために、ギアチェンジ等の必要な車は、当該操作をする。
3　4番員は、隊員の必要な操作の完了を確認したらサイドブレーキを引き（触る程度でよい）、「よし」と合図する。

Point
・下車時のドア開放は、2段操作（少し開け、後方を確認した後、全開する）で開放する。
・ドアなしポンプ車の場合、安全バンドはあらかじめシートの上に乗せておき、乗車後に掛ける。下車後は再びシートの上に乗せておく。

第2章 待機・集合〜乗車・下車

§8 下　車

1　指揮者・2番員・1番員の下車（車両左側からの下車）

1. （ドアは開いている）4番員の「よし」の合図で、指揮者及び2番員は、降りる場所の安全を確認し、手すり等の固定具を利用して片足を地につけ、車体側（又は火点側）を向いて下車し、
2. 指揮者はドアを閉めた後、操作指揮位置の方向に向きを変え、かけ足行進の要領で発進。

3. 2番員は直ちに車両後方に向きを変え、かけ足行進の要領で発進。
4. 2番員に続いて、1番員は降りる場所の安全を確認し、手すり等の固定具を利用して片足を地につけ、車体側（又は火点側）を向いて下車し、

5. ドアを閉め、
6. ポンプ車後方に向きを変える。

☞ Point
・　下車時も乗車時同様、左右いずれの足からでもよいが下車側でそろえる。

2　3番員・4番員の下車（車両右側からの下車）

1　4番員は「よし」と合図した後、ポンプレバー等を操作し、
2　3番員と動作をそろえ、降りる箇所の安全を確認し、手すり等の固定具を利用して片足を地につけ、
3　車体側（又は火点側）を向いて下車し、
4 5　ドアを閉め、
6　ポンプ車後方に向きを変える。

Point
- 4番員のポンプレバー等の操作には、ポンプメインスイッチ（パネル式操作盤等の起動スイッチ）を装備しているポンプ車が操作しなければならないスイッチ類を含んだものとする。
- 4番員の下車時の確認は、ルームミラーでは行わないものとする。
- 下車時の体の向きは火点側、車体側のいずれに向いてもよい。
- 下車時、火点監視は必要ない。

第3章 第1線延長

§1 指揮者の操作

1 操作指揮位置へ移動

1. 指揮者は、下車してドアを閉めた後、操作指揮位置の方向に向きを変え、
2. 3. かけ足行進の要領で発進し、

4. 最短距離を直行し（p18　図3.1参照）、
5. 延長ホースに対して正対できるように、左向け止まれの要領で停止し、
6. 手を下ろし、基本の姿勢をとる。

第1編　ポンプ車操法

2　操作状況監視

1　操作指揮位置で基本姿勢のまま、頭を適宜、左右に向けて、ホース延長、吸管操作等の状況を監視する。

3　火点指揮位置へ移動、火点状況等の監視

1　指揮者は、2番員が第1ホースを延長後、おす金具を地面に置くと同時に、右向けを行い（足を引きつけることなく）、
2　1番員に先行して、かけ足行進の要領で火点に向かって前進する。

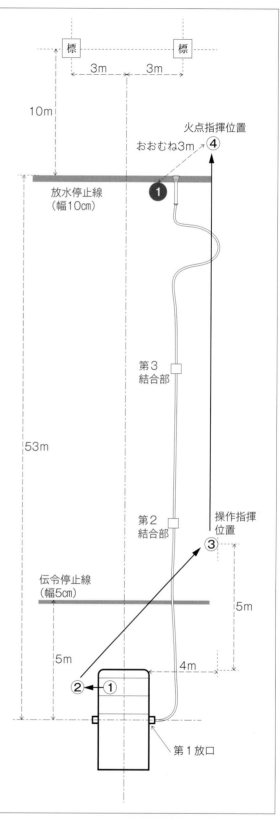

図3.1　指揮者の第1線延長時の移動経路
①乗車位置　②下車　③操作指揮位置　④火点指揮位置

Point

・火点指揮位置への移動は、自己の隊員が火点付近にいたるまでに延焼状況等を判断して、筒先の部署位置を決定し、各隊員に下命する責務が内面に課せられていることを認識して、全力で移動する。

> **3** 火点指揮位置（1番員の斜め右前方、おおむね3mの位置）に停止し、基本の姿勢をとり、まず火点の状況を確認し、
> **4** 次いで、左に大きく向きを変え、
> **5** 基本の姿勢をとり、各隊員の操作状況を監視する。

> 👉 Point
> ・ 指揮者の火点指揮位置の「1番員の斜め右前方、おおむね3mの位置」とは、1番員の左右足位置に関係なく、斜め前方おおむね3mであればよい。

> **6** 2番員が注水部署位置にいたり、「**伝達終わり**」と合図した後、
> **7** 指揮者は再び火点方向に大きく向きを変え、火災の状況を監視する。

> 👉 Point
> ・ 指揮者の火点状況監視・鎮圧状況監視は、目視でもよい。

第1編　ポンプ車操法

§2　1番員の操作

1　ポンプ車後方へ移動

❶　下車後、ポンプ車後方にかけ足行進の要領で発進し、
❷　ポンプ車後部左側、筒先積載部にいたる。

2　筒先を取り外して背負う

❶　筒先を取り外し、
❷　右手でノズル付近（回転部分以外）を持ち、左手で背負いひもの中央部を持ち、

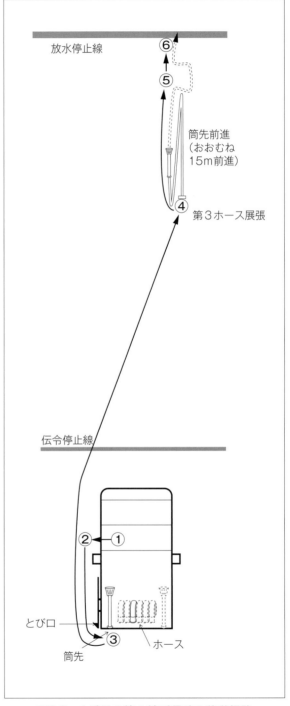

図3.2　1番員の第1線延長時の移動経路
①乗車位置　②下車　③筒先を取り外して背負い、第3ホースを担いで搬送　④第3ホース展張、筒先結合、筒先前進　⑤余裕ホース確保　⑥ノズル操作、基本注水姿勢

※　背負う要領は、p81・82の❻～❽の写真も参照。

3 右手を頭上に上げると同時に、左手を右わき下にして、頭と左腕を背負いひもにくぐらせ、
4 ノズルが右肩に、元金具が左腰の近くにくるように背負う。

> **Point**
> ・筒先を背負うときは、プレイパイプ上部を持って背負ってもよいが、左手は背負いひもの中央部とする。
> ・筒先を背負うときの右手は、回転部分以外のノズル付近を持つ。

3　第3ホースを担ぎ、搬送

1 続いて、右手で第3ホースのめす金具部を、左手でめす金具の反対側を保持し、
2 めす金具が上部斜め前方になるように左肩に担ぎ、
3 次いで、めす金具部を左手に持ち替え、右手を下ろし、
4 左に向きを変えて（足を引きつけることなく）発進し、
5 ポンプ車左側を通って、

> **Point**
> ・ホースを積載部から取るときは、引き寄せる等の操作をしても構わない。
> ・担いだときの左手は、めす金具部を保持する。

第1編　ポンプ車操法

> 6　第3ホース延長地点にいたり（ホースを搬送中、めす金具が著しく下がらないこと）、
> 7　左手を前方へ少し下げると同時に、右手にめす金具を持ち替え（左手はめす金具の反対側を保持し）、
> 8　めす金具が手前になるようにして肩から降ろし、地面に立てる。

> **Point**
> ・筒先の取手等を持って走らないこと。
> ・筒先が傾いた場合の修正は、背負いひもで行う。

4　第3ホース展張

> 1　右足先でめす金具近く（めす金具が立たない位置）を踏み、右手でおす金具を下方から確実に保持し、左手はホースに添えて、展張方向を定め、
> 2　前方へ転がすように展張する。
> 3　次いで、左足を軸に身体を右回りに反転させ、同時におす金具を結合しやすい位置（左足近く）に置き、
> 4　身体を起こしてポンプ車方向に正対する。

> **Point**
> ・ホース展張時は、身体及び左足先を火点側に向ける。
> ・ホースの展張、ホースの結合・離脱、筒先の結合・離脱の際の、「足先で」とは土踏まずにかかってもよいものとする。
> ・ホース展張時、「左手はホースに添えて」となっているが、親指は上から押さえてもよい。

5　筒先を肩から降ろし、筒先結合

1. 左手で取手近くのプレイパイプを握り、
2. 元金具を腹部から頭上へ移動させ、
3. 右手で背負いひもを持って、頭をくぐらせて外し、
4. 左手をやや前に出して右手でノズル付近（回転部分以外）を持ち、
5. 左手をプレイパイプの中央部に持ち替え、
6. 左足先で、ホースのおす金具がやや上を向くようにホース金具付近を押さえ、
7. おす金具に筒先を合わせて差し込み結合し、
8. 爪がかかっているか引いて確認する。

第1編　ポンプ車操法

6　筒先を構える

1. 続いて、左手でプレイパイプ上部を持ち、右手で取手を握ると同時に、
2. ホースから左足を離して、右足を軸に火点側へ1歩踏み込み、基本注水姿勢をとる。

👉 Point

- 基本注水姿勢は、右手は取手、左手はプレイパイプ上部を握り、握った右手を右腰に当てるようにし、仰角おおむね30度で保持し、体形は左膝をやや曲げると同時に体重を前方に置き、右足は放水の反動力を抑えるためまっすぐ伸ばし、前傾姿勢をとる。

7　筒先前進

1. 2番員が第3ホースを結合して基本の姿勢をとったら、直ちに「**放水始め**」と合図する。
2. 2番員が「**放水始め**」と復唱するのを確認した後、筒先を身体から離さないよう確実に保持し、展張ホースの左側に沿っておおむね15m前進して、左足を1歩踏み出した姿勢で停止する。

👉 Point

- 1番員が「**放水始め**」と合図し、火点に向かって前進する時機は、2番員の復唱を確認した後とする。
- 合図と復唱は重複してはいけない。
- 筒先を構え、基本注水姿勢で走る際は、角度（仰角30度）にも気をつける。上や下を向いたり、腰から離したりしない。

8　余裕ホースの確保

1. 筒先を左上腕と腹部で抱え込みながら、
2. 折り膝の姿勢（又は折り膝に準じた姿勢）をとり、右手でホースをたぐり寄せて持ち（第3結合部を引きずらないようにする）、

> 3 立つと同時に、右足を1歩大きく踏み出して、半円形を描くようにホースを広げ、
> 4 おおむね5mの余裕ホースを取る。

> **Point**
> ・火点側の余裕ホースを取る際、ホースをたぐり寄せるときは、後方（ポンプ車）を見ながらたぐり寄せてもよい。
> ・余裕ホースを取るときの筒先は、身体から離れないようにしっかり抱えること。

9 注水部署位置の確保

> 1 次いで、右手でホースを保持し、筒先付近のホース修正を行い、
> 2 後方におおむね1m、2番員が注水補助をできる場所を作り、
> 3 その場で、基本注水姿勢をとる。

> **Point**
> ・注水部署位置を確保した後、継ぎ足をして（一歩前に出て）基本注水姿勢をとってもよい。ただし、放水停止線を越えてはいけない（図3.3参照）。

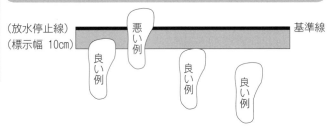

図3.3 放水停止線における足の位置（良い例・悪い例）

> **Point**
> ・火点側余裕ホースの修正に伴うホースの引きずりについては、結合金具が移動しない範囲であればよい。
> ・注水部署位置を確保した後、前進する場合は、基本注水姿勢に準じた姿勢とする。
> ・注水部署位置を確保した後の継ぎ足はしてもしなくてもよい。その継ぎ足は交差しても（踏み出して歩いても）よい。

10 ノズル操作、基本注水姿勢

> 1　基本注水姿勢から、
> 2　右手を筒先から離さないように滑らせながらプレイパイプの中央部付近へ移動し、筒先を右わき下と右腕で確実に抱え、

> 📖 Point
> ・ノズル操作時、右手を少し上げて筒先を抱えてもよいし、上げずに抱えてもよい。

> 3　左手を筒先から離さず滑らせながらノズルを握り、
> 4　ノズルを徐々に、棒状に開く（反動力に注意する）。

> 5　ノズルが開いたら、左手を離さないように滑らせてプレイパイプ上部に移動させ、
> 6　次いで、右手をプレイパイプから離さないように滑らせながら取手を握り、基本注水姿勢をとり、標的に注水する（標的が倒れた後、筒先の仰角をおおむね30度に保つ）。

> 📖 Point
> ・ノズル操作時、右手を中央部付近に移動させ筒先を抱えるが、確実に抱えるため、中央からずれても左右の手が離れていれば、中央とみなす。
> ・ノズル操作時、始めは取手の外側（内側）を握っていたものを、ノズルを開閉した後、内側（外側）を握ってもよい。
> ・放水中は、右手が腰部から離れたり、足の踏み換え等が生じるなどの地面を移動しないこと。

§3　2番員の操作

1　第2ホースを搬送に便利な位置に置く

■1　2番員は、下車後、ポンプ車後方に向きを変え、かけ足行進の要領で発進し、
■2　車両後部のホース積載位置にいたり、
■3　右手で第2ホースのめす金具部、左手でめす金具の反対側を持ち、両手で確実に保持して、
■4■5　3番員・4番員の作業の支障とならない位置で、かつ第1ホース展張後搬送するのに便利な位置（地上）に置く。

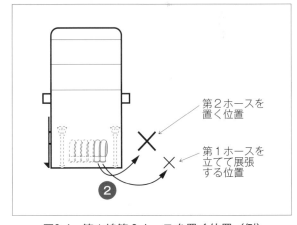

図3.4　第1線第2ホースを置く位置（例）

＊第2ホースを置く位置は、第1線第1ホースの左側でも右側でもよい。
＊図の位置と使用する第1ホース・第2ホースは、一例として示したもの。

2　第1ホースを降ろし、展張

1　再び、車両後部にいたり、第1ホースを両手で確実に保持して、
2　展張に便利な位置に搬送し、ホースのめす金具が手前になるように地面に立て、
3　右足先でめす金具近くを踏み、右手でおす金具を下方から確実に保持し、左手は立てたホースに添えて展張方向を定め、
4 5　右手で前方に転がすように展張し、
6　おす金具を搬送に便利な位置（ここでは展張されたホースの右側）に、折って静かに置く。

3　余裕ホースの確保、第1結合

1　続いて、右足をホースから離すと同時に、
2　めす金具側に向きを変え、めす金具を両手で持ち、

第3章 第1線延長／2番員

3 放口側に向きを変え、左手はめす金具を持ったまま、右手はホースに持ち替えて、余裕ホース（おおむね2m）を取り、
4 次いで、両手で、めす金具を第1放口に結合し、
5 完全に爪がかかって結合されているか、両手ではかま部分を引いて確認する。

Point
- ポンプ側でおおむね2mの余裕ホースを取るときは、ホースに配意するときに、後方に引いて確保し、放口に結合してもよい。

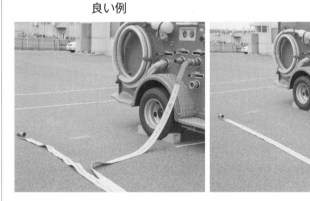

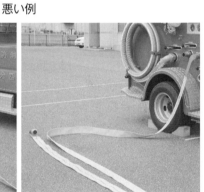

良い例　　　　　　　　　　　　　　　悪い例

図3.5　余裕ホースの形状（良い例・悪い例）

4　第2ホースを担ぎ、第1ホース延長

1 折り膝の姿勢（又は折り膝に準じた姿勢）で、右手で第2ホースのめす金具部を左手でめす金具の反対側を保持して持ち上げ、左肩に担ぐ。
2 めす金具部を左手に持ち替えた後、

第1編　ポンプ車操法

> 3　右手で第1ホースのおす金具を持ち、腰につけ、
> 4　立ち上がり、かけ足で展張ホースの左側に沿って前進し、第1ホースを延長する。
> 5　第2結合部にいたり、
> 6　第1ホースのおす金具を静かに置く。

👉Point
- ホース展張の際、左右にそれた場合は、ホースに沿って走らなければならない。
- 第2結合部での停止要領は、両手に物を持っているため、動作の流れでよい。

5　第2ホース展張

> 1　続いて、第2ホースをめす金具が手前にくるように地面に立てて置き、
> 2　右足先で第2ホースのめす金具近くを踏み、右手でおす金具を下方から確実に保持し、左手はホースに添えて展張方向を定め、前方に転がすように展張し、
> 3　おす金具を、搬送に便利な位置に、折って、静かに置く。

6　第2結合

1. 右足を第2ホースから離してめす金具側に向きを変え、次いで右足先で第1ホースのおす金具を立て、
2. 両手で第2ホースのめす金具を持ち、第1ホースのおす金具に垂直に合わせて、差し込んで結合し、
3. 爪がかかっているか、両手ではかま部分を引いて確認する。

Point
- 結合は1回で確実に行うものとし、結合音を2回以上させない。
- 結合確認ははかま部分で行うが、親指が金具にかかってもよい。

7　第2ホース延長

1. 次いで、右足を第1ホースから離すと同時に、火点側に向きを変えて折り膝の姿勢（又は折り膝に準じた姿勢）となり、右手で第2ホースのおす金具を持って、
2. 腰につけ、立ち上がり、
3. 左手を体側から腰に上げ、
4. かけ足行進の要領で展張ホースの左側に沿って前進し、第2ホースを延長する。

第1編　ポンプ車操法

> 5　第3結合部にいたり、
> 6　第2ホースのおす金具をその場に静かに置く。

> **Point**
> ・ホース結合後、2番員は、おす金具近くを踏んだ状態のまま発進してはいけない。
> ・第2ホース延長の際、おす金具を腰につけた後、左手を体側から腰に上げる。
> ・第3結合部では確実に停止後、左手を下ろし節度をつけるものとする。

8　第3結合

> 1　その後、右足先で第2ホースのおす金具を立て、
> 2　両手で第3ホースのめす金具を持ち、第2ホースのおす金具に垂直に合わせて、差し込んで結合し、
> 3　爪がかかっているか、両手ではかま部分を引いて確認する。
> 4　次いで身体を起こし、右足を第2ホースから離すと同時に、左足に引きつけ、
> 5　火点に向きを変え、基本の姿勢をとる。

> **Point**
> ・第3ホースの展張位置が違った場合でも、2番員は第2ホースを余すことなく最後まで延長し、第3ホースと結合すること。
> ・基本の姿勢をとる位置は、両足かかとが第3結合部より火点側になるようにする。

第3章　第1線延長／2番員

Lesson 第2ホースと第3ホースが、離れている場合及び重なりが生じている場合の第3結合要領

　第2ホースと第3ホースが離れていたり、重なりが生じている場合は、まず「正確に延長された場合」と同じ形を作ることである（第3ホースのめす金具を両手で持ってきて第2ホースのおす金具付近の結合位置に一旦置き（節度は問わない）、両手を離す）。手順は次のとおり。

1. 第3結合の所定の位置で第2ホースのおす金具を静かに置き、
2. 次いで立ち上がり、第3ホースのめす金具の近くにいたり、第3ホースのめす金具を両手で持ち、
3. 第2ホースのおす金具付近の結合位置に一旦置き、両手を離し、
4. 次いで、右足先で第2ホースのおす金具を立て、
5. 両手で第3ホースのめす金具を再び持ち、垂直に合わせて、差し込んで結合し、
6. 爪がかかっているか、はかま部分を両手で引いて確認する。

〈第2ホースと第3ホースが離れている場合〉

〈第2ホースと第3ホースに重なりが生じている場合〉

9　放水開始の伝達

> 1　1番員の「**放水始め**」の合図により、「**放水始め**」と復唱し、
> 2　次いで、まわれ右をして（足を引きつけることなく）、
> 3　かけ足行進の要領で、延長ホースの左側に沿って、4番員の方向に直進し、

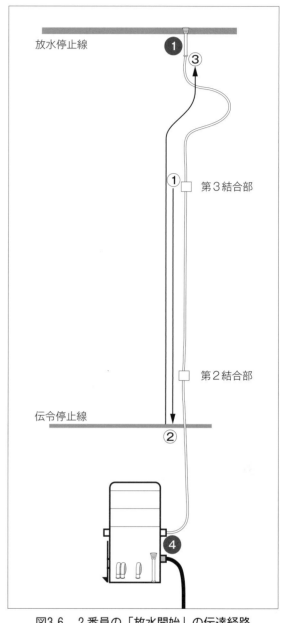

図3.6　2番員の「放水開始」の伝達経路
①「放水始め」と復唱　②「放水始め」と伝達
③「伝達終わり」と合図

> 4　伝令停止線内で4番員に相対して停止し、基本の姿勢をとり、

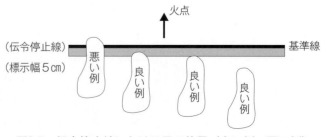

図3.7　伝令停止線における足の位置（良い例・悪い例）

5 右手を垂直に挙げて、「**放水始め**」と伝達する。
6 4番員が右手を垂直に挙げて「**放水始め**」と復唱し、
7 4番員が手を下ろした後、2番員は手を下ろし、

Point
- 「放水始め」の合図は、手を挙げてから言うものとし、挙げながら言ってはいけない。
- 合図と復唱は重複してはいけない。

8 次いで、火点方向にまわれ右をして（足を引きつけることなく）、発進し、
9 延長ホースの左側に沿って最短距離を走り、
10 注水部署位置（1番員の反対側。1歩後方）に右足を1歩踏み出していたり、「**伝達終わり**」と合図する。

Point
- 伝達時のかけ足の速度は消防訓練礼式のかけ足の歩調以上とし、緩慢であってはならない。
- ホースに沿って走る場合、ホースからおおむね1m以内に身体があればよい。
- 「伝達終わり」を伝える位置は、1番員の一歩後方でおおむね70cmとする。

10 注水補助

1 続いて、右手で筒先側、左手でポンプ側のホースを持ち、反動力に十分に耐え得る前傾姿勢で保持し、注水補助をする。

Point
- 注水補助をする際、注水部署位置が確保できない場合は、ホースの形状を整え、伝達位置を確保して注水部署位置にいたってもよい。
- 注水後のホース修正は、注水部署位置を確保できない場合や、ホースのよじれ等により著しく注水に支障がある場合にのみ行い、不必要なホース修正は行わない。

第1編　ポンプ車操法

§4　3番員の操作

1　吸管積載部へ移動

1. 下車後、吸管積載部の方向に向きを変え、かけ足行進の要領で発進し、
2. 吸管に面して、右向け止まれの要領（開脚）で停止し、
3. 次いで、近くの吸管止め金を、4番員と協力して、両手（片手）で確実に外す（粗暴な外し方をしない）。

2　吸管伸長

1. 4番員からストレーナー部を両手で受け取ると同時に、
2. 左足を軸に、身体を右回りに回転させて、

Point
・吸管伸長時に、吸管が地面に接してはいけない。

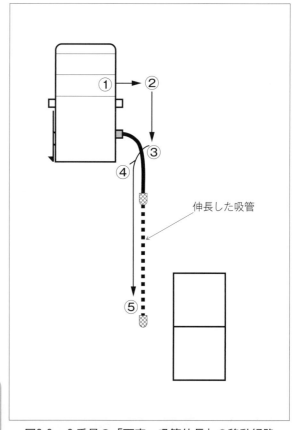

図3.8　3番員の「下車～吸管伸長」の移動経路
①乗車位置　②下車　③吸管の止め金を外し、ストレーナー付近の吸管を受け取る　④吸管の左側に出る　⑤吸管を伸長

3　吸管左側に出て、吸管伸長方向に向きを変え（右手は吸管の下から、左手は吸管を左わき下に抱えるようにする）、
4　4番員の送り出す吸管を引きずらないように（よじれを取りながら）ストレーナー側に重心をかけて、吸管が一直線になるよう伸長する。

3　水利への搬送、吸管投入

1　4番員の「よし」の合図で顔を水利側に向け、
2　左足から2歩半で、吸管投入に便利な位置まで進む（吸管を両手で左腰部に抱えるように保持し、重心はストレーナー側にかけて水利方向を見ながら進む）。
3　吸管を投入に便利な位置に置き、右足を立てた折り膝の姿勢で、控綱を取り外して右脇に置き、

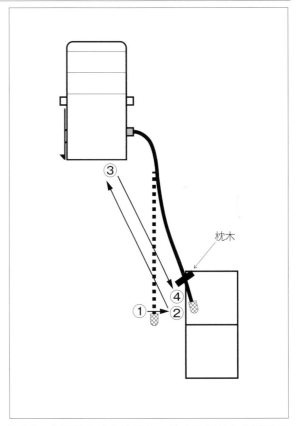

図3.9　3番員の「吸管投入～枕木取付け」の移動経路
①—②吸管投入に便利な位置に2歩半進む　②吸管投入　③控綱結着、枕木を保持　④枕木を取り付ける

📌 Point

- 吸管搬送時の3番員・4番員の「よし」の合図は、水利側に顔を向ける前でも、向けた後でもよい。
- 吸管搬送時、身体の向きはストレーナー側とし、顔の向きは前方確認のため水利側とする。また、吸管の保持が確実になされる持ち方であれば、手の甲の向きは問わない。
- 控綱を脇に置くとき、投げ出してはいけない。
- 控綱を固定しておくゴムバンドは、そのまま籐かご又は吸管に取り付けておく。

第1編　ポンプ車操法

> 4　次いで、右手で控綱の根元と端末を持ち、左手で吸管を保持して立ち上がり、
> 5 6　「よし」と合図し、右足を半歩前に踏み出し、
> 7　左手を吸管から外すと同時に、静かに投入する。

※　5～7の写真は、投入が見やすいように防火水槽を1つにしています。

Point
- 吸管投入は、投げ入れればよい。ただし、静かに投げ入れること。
- 投入後の吸管は蛇行した状態であってもよい。
- 補助者は、籐かごが水面についた時点から吸管を押し込む等の操作をしても構わない。

Lesson　控綱の取付け方法

- 控綱の取り外しを簡単にするには、控綱を輪状にまとめ、ゴムバンド等でストレーナー部に取り付けておくと便利である。
- ゴムバンドは、籐かごに結束バンド等で固定しておいてもよい。
- 控綱は1本のゴムバンドで止めてもよいし、2本のゴムバンドで止めてもよいが、控綱を外した後のゴムバンドはそのまま籐かご又は吸管に付けたままにしておく。

	1本のゴムバンド	2本のゴムバンド
普通のやり方		
編むやり方		

4　控綱結着

> 1　吸管投入後直ちに、控綱の端末を右手に持ち、右腰につけ、
> 2　左手は体側につけてポンプ車後方に向きを変え、
> 3　かけ足行進の要領で、吸管の左側に沿って進み、
> 4　ポンプ車後部右側の控綱結着位置にいたり、
> 5　「もやい結び及び半結び」で結着する。

Point
- ポンプ車側に向きを変えながら控綱を右腰部に確保してはならない。
- 控綱搬送時に、控綱を持っている右手は振らない。控綱も枕木同様に資器材として捉え、確実に保持する。
- 強固な位置に、端末をおおむね10cm残して結着する。
- 控綱に何かひっかかったり、結びができてしまった場合は、3番員がとび口搬送までの間に修正する。

5　枕木搬送、取付け

> 1　両手で枕木を取り出し、左手（右手）に持ち替えると同時に左腰部（右腰部）に当て、
> 2　取付け位置に向きを変え、

③ かけ足行進の要領で発進し、
④ 枕木取付け位置にいたり、
⑤ 枕木を吸管の下に敷き、両手で取り付ける（いたりの姿勢で行う）。

Point
- かけ足の際、枕木を持っている手は振らない。
- 枕木は、吸管が水利にかかる曲折部に取り付ける。
- 枕木に吸管と控綱を一緒に取り付けないこと。
- 補助員は、枕木取付けのため3番員が吸管に手をかけた時点で、吸管を持ち上げてもよい。

6　とび口搬送、とび口を構える

① 枕木を取り付けた後、とび口積載方向に向きを変え、かけ足行進の要領で発進し、
② とび口積載部に右向け止まれの要領（開脚）で停止し、
③ 両手で、とび口を持ち、

Point
- 左手でとび口の柄の中央部を上から持ち、右手はほぼ肩幅の間隔となるように下から持つ。
- とび口の積載位置が高く、ステップ等に乗らなければとび口を取ることができない場合は、安全第一の方法でステップ等に乗って取り外してもよい。

第3章 第1線延長／3番員

> **4** とび口を降ろし、左に向きを変えると同時に、とび口を左わき下に抱え、
> **5** かけ足行進の要領で発進し、第1線延長ホースの左側に沿って、
> **6** 最短距離で破壊地点にいたり、左足を1歩踏み出した姿勢で停止し（放水停止線の基準線を越えてはいけない）、

> **Point**
> ・とび口搬送時のかけ足の速度は消防訓練礼式のかけ足の歩調以上とし、緩慢であってはならない。

> **7** 続いて、左手で柄の中央部を、右手で柄の後部（後端からおおむね10cmを残した位置）を持って、
> **8** とび口を構える。

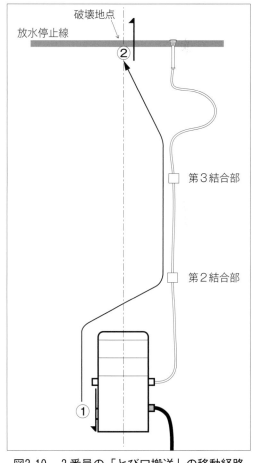

図3.10　3番員の「とび口搬送」の移動経路
①とび口を降ろす　②とび口を構える

> **Point**
> ・左手で柄の中央部を、右手で柄の後部を握って右腰部に当て、左膝を少し曲げ右足はまっすぐ伸ばした前傾姿勢をとる。
> ・とび口の長さは1.5m以上あればよい。そのために、破壊地点におけるとび口の構えは、左手の柄を持つ位置が中央からずれても、左腕が地面に対して水平であればよい。右手は後端からおおむね10cmを残した位置を握る。

第1編　ポンプ車操法

§5　4番員の操作

1　吸管積載部へ移動

❶　下車後、吸管積載部の方向に向きを変え、かけ足行進の要領で発進し、
❷　吸管に面して、右向け止まれの要領（開脚）で停止し、

❸❹　近くの吸管止め金を、3番員と協力して、両手（片手）で確実に外す（粗暴な外し方をしない）。

2　吸管伸長

❶　吸管のストレーナー付近を両手で確実に保持して、これを3番員に渡し、
❷　吸管の全てを引き出し（吸管台座から、吸管を残らず取り出す）、

3　3番員と呼吸を合わせてよじれを取りながら、送り出す。

4　吸管伸長が終わろうとする時点で、
5 6　吸管から手を離さないようにして吸管をまたいで、

図3.11　4番員の「下車～吸管伸長」の移動経路
①乗車位置　②下車　③吸管を降ろし、ストレーナー付近の吸管を渡す　④吸管をまたいで左側に出る　⑤一直線になるよう吸管を伸長

7　吸管の左側中央部に移動し、いたりの姿勢で吸管を両手で腰部に抱えるように持ちながら一直線になるよう伸長する。

Point
- 4番員は、吸管中央部に移動してから、吸管をまたぐ。
- 吸管伸長時、タイヤハウス上の吸管受け、ステップ上の吸管受けから吸管を外す必要はない。また、ウィンカー等のボックス上に伸長してもよい。

3　水利への搬送、吸管投入補助

1. 4番員はストレーナー側に重心をかけ、「よし」と合図し、顔を水利側に向け、
2. 3番員と歩調を合わせて左足から2歩半で、吸管投入に便利な位置まで進み、
3. 3番員がストレーナー部を地面の上に置き、控綱を取り外す間、4番員は吸管を持ったままで待ち、
4. 3番員がストレーナー部を持って立ち上がり、

5. 3番員の「よし」の合図で、右足を半歩前に踏み出し、吸管投入の補助をする。
6. 3番員が吸管投入を終えたら、4番員は吸管をその場に静かに置く。

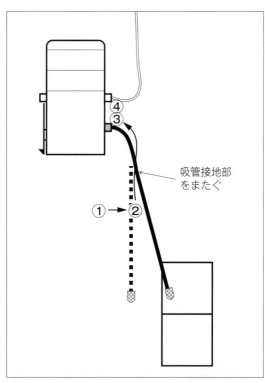

図3.12　4番員の「吸管投入補助～揚水操作」の移動経路
①—②吸管投入に便利な位置に2歩半進む　②吸管投入補助　③吸口コックを開く　④揚水操作、「放水始め」の伝達受領、送水操作

4　吸口コックを開く

1. 次いで、立ち上がると同時に吸口方向へ向きを変え、かけ足行進の要領で発進し、
2. 吸管接地部をまたいで、
3. 吸口に正対するように左向け止まれの要領（開脚）で停止し、
4. 吸口コックを全開にする。

5　揚水操作

1. 次いで右に向きを変え、
2. 真空ポンプスイッチとスロットルバルブが同時に触れる位置にいたり、

> **Point**
> ・ 真空ポンプスイッチとスロットルバルブが同時に触れない位置にある車種の場合は、ホースをまたいで移動してもよい。

第1編　ポンプ車操法

> **3** 計器に配意しながら揚水操作を行う。

Point
- スロットル調整時に、ホースに接触してもよい。

6　余裕ホース配意

> **1** 揚水操作を行った後、いったん火点に向いて基本の姿勢をとり、
> **2** 次いで、右足を横に開き、2番員が延長したポンプ側の余裕ホースに配意した後、
> **3** 再び火点に向かって基本の姿勢をとり（計器の確認が容易で、かつ放口コック、スロットルバルブの操作ができる位置で）、放水開始の伝達を待つ。

Point
- ホース内の水が円滑に流れるよう余裕ホースラインの形状を修正する。

Point
- 4番員が第1線側の余裕ホースに配意する時機は、ポンプ車の揚水完了ランプの点灯又は圧力計が加圧状態になった時点とする。
- 4番員が余裕ホースを配意することによって、現に延長しているホースのよじれ等を修正してはならない。ただし、第1結合部から伝令停止線までの間は修正してもよい。
- 4番員の余裕ホースの配意は、いったん火点に向いて基本の姿勢をとり、右（左）足を横に開くこと。また、ホースが伸びきって余裕ホースがなくなっていても、足を横に開いた姿勢でホースに触ること。

7 放水開始の伝達受領

1. 2番員と基本の姿勢で相対し、
2. 2番員の「**放水始め**」の伝達に、
3. 右手を垂直に挙げ、「**放水始め**」と復唱し、
4. 手を下ろす。

8 送水操作

1. 次いで、第1放口側に左足を1歩踏み出し、
2. 各種計器及び延長ホース等に注視しながら送水する。
3. 適正な送水圧力が確保され、送水が安定したら、左足を引きつけ、火点に向かって基本の姿勢をとる。

Point

- 第1線延長、第2線延長及び放水中止時において放口コックを全開又は全閉する場合は、徐々に開閉するものとし、急速にコックを開閉しないこととする。
- 送水圧力は0.4MPa以下とする。ただし、揚水時及び筒先閉鎖時には、一時的にゲージ圧力が0.4MPaを超えてもよい。
- 計器の振れについては、振れの中心で圧力の確認をする。
- 4番員は、標的を落とすまでは計器を見ながら圧力調整をしてよいが、標的が倒れた後は、1番員のふらつき防止や、筒先のぶれ防止を目的とするような減圧はしない。

第1編　ポンプ車操法

第4章　第2線延長

§1　第2線延長開始合図

1 2 3 審査副班長が、白旗を正面水平の位置から、真上に振り「**第2線延長開始**」と合図。

☞Point
- 第2線延長開始の合図は、3番員が定位についた後、約10秒後とする。

§2　指揮者の操作

1　第2線延長開始の号令、操作状況監視

1 指揮者は火点監視の姿勢から、
2 （合図により）1番員の方向に向きを変え、
3 基本の姿勢となり、「**第2線延長始め**」と号令する。
4 号令後は、そのままの姿勢で頭のみを動かし、各隊員の操作状況を監視する。

2　火点状況の監視

1　指揮者は、3番員が「**第2線放水始め**」と伝達し、注水部署に戻って「**伝達終わり**」の合図をしたのを確認したら、
2　直ちに大きく右向けを行って火点に向きを変え、火点の状況を監視する。

👉 Point
- 指揮者の火点状況の監視は、目視でよい。

§3　1番員の操作

1　「第2線延長始め」の号令復唱、筒先保持

1　1番員は、指揮者の「**第2線延長始め**」の号令を復唱し、注水操作を続ける。

👉 Point
- 指揮者の「**第2線延長始め**」の号令は、緊急命令であるから、間髪を入れず明瞭に復唱する。
- 号令後、直ちに2番員が第2線延長を行うため、第1線の筒先補助がなくなる。したがって、1番員は単独で筒先を保持することになるので、筒先保持姿勢は放水反動力に十分に耐え得る体勢（重心を若干前に移した体勢）をとる。

§4　2番員の操作

1　4番員へ「第2線延長」の伝達

1　1番員が「**第2線延長始め**」の号令を復唱したら、「よし」と呼唱して、ホースを離し、
2　ポンプ車の方向に向きを変え、かけ足行進の要領で発進し、

第1編　ポンプ車操法

3　第1線ホースをまたぎ、
4　延長ホースの左側に沿って進み、
5　伝令停止線にいたって、4番員に相対して止まり、基本の姿勢で、「**第2線延長**」と伝達する。

📍Point
- 転倒やつまずき等を未然に防止するため、ホースをまたぐ場合については接地部とする。

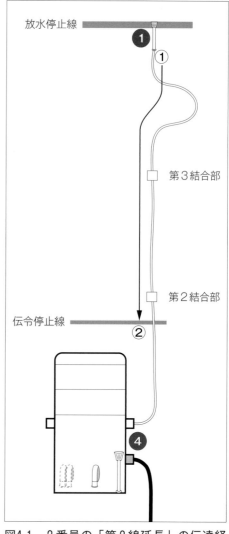

図4.1　2番員の「第2線延長」の伝達経路
①注水補助位置　②「第2線延長」と伝達

2　筒先を受領し、背負う

1　4番員が「**第2線延長**」と復唱し、まわれ右をしてかけ足行進の要領で発進すると同時に、2番員も合わせてポンプ車後部方向に発進し、
2　吸管を挟んで4番員に相対して、右向け止まれの要領（開脚）でいたり、

❸　4番員から手渡される筒先を、右手でノズル付近（回転部分以外）を、左手で背負いひもの中央部を持って、受領し、
❹　右手を頭上に上げると同時に、左手を右わき下に持っていき、頭と左腕を背負いひもにくぐらせ、
❺　ノズルが右肩に、元金具が左腰にくるように背負い、
❻　手を下ろす。

3　第3ホースを担ぎ、搬送

❶　続いて、左に向きを変え、かけ足行進の要領で発進し、
❷　吸管接地部分をまたいで、
❸　ホース積載位置にいたり、
❹　右手で第2線第3ホースのめす金具部を、左手でめす金具の反対側を保持し、

第1編　ポンプ車操法

> 5　めす金具が上部斜め前方になるように左肩に担ぎ、
> 6　次いで、めす金具部を左手に持ち替え、右手を下ろす。

> 7　続いて、左に向きを変え、かけ足行進の要領で発進し、
> 8　ポンプ車左側を通って、最短距離を進み、
> 9　第3ホース延長地点にいたり（ホースを搬送中、めす金具が著しく下がらないこと）、
> 10　左手を前方に少し下げると同時に、右手にめす金具部を持ち替え（左手はめす金具の反対側を保持し）、
> 11　めす金具が手前になるようにして肩から降ろしながら、
> 12　ホースを地面に立てる。

4　第3ホース展張

> 1　右足先でめす金具近く（めす金具が立たない位置）を踏み、右手でおす金具を確実に保持したまま、左手をホースに添えて、展張方向を定め、
> 2　前方へ転がすように展張する。
> 3　左足を軸に身体を右回りに反転させ、同時におす金具を結合しやすい位置（左足近く）に置き、
> 4　身体を起こして、ポンプ車方向に正対する。

5　筒先を肩から降ろし、筒先結合

> 1　左手で取手近くのプレイパイプを握り、元金具を腹部から頭上へ移動させ、
> 2　右手で背負いひもを持って、頭をくぐらせて外し、
> 3　左手をやや前に出して、右手でノズル付近（回転部分以外）を持ち、
> 4　次いで、左手をプレイパイプの中央部に持ち替える。

5 左足先で、ホースのおす金具がやや上を向くようにホース金具付近を押さえて、
6 おす金具に筒先を合わせて差し込み、結合する。
7 爪がかかっているか、引いて確認する。

6　筒先を構える

1 続いて、左手でプレイパイプ上部を持ち、右手で取手を握ると同時に、
2 ホースから左足を離して、右足を軸に火点側へ1歩踏み込み、
3 基本注水姿勢をとる。

Point

- 右手は取手、左手はプレイパイプ上部を握り、握った右手を右腰に当てるようにし、仰角おおむね30度で保持し、体形は左膝をやや曲げると同時に体重を前方に置き、右足は放水の反動力を抑えるためまっすぐ伸ばし、前傾姿勢をとる（第1線1番員に同じ）。

第4章 第2線延長／2番員

7 筒先前進

1. 3番員が第3ホースを結合して基本の姿勢をとったら、2番員は直ちに「**第2線放水始め**」と合図し、
2. 3番員が「**第2線放水始め**」と復唱するのを確認した後、筒先を身体から離さないよう確実に保持し、展張ホースの左側に沿っておおむね15m前進して、
3. 基本注水姿勢で停止する。

8 余裕ホースの確保

1. 筒先を左上腕と腹部で抱え込みながら、
2. 折り膝の姿勢（又は折り膝に準じた姿勢）をとり、右手でホースをたぐり寄せて、持ち（第3結合部を引きずらないようにする）、
3. 立つと同時に、右足を1歩大きく後ろに引き、
4. 左側後方へ半円形を描くようにホースを広げる（おおむね5mの余裕ホースを取る）。

9 注水部署位置の確保

> 1. 右手でホースを保持し、筒先付近のホース修正を行い、
> 2. 後方におおむね1mの注水補助ができる場所を作り、その場で、基本注水姿勢をとる。

👉Point

・注水部署位置を確保した後、継ぎ足をして（一歩前に出て）基本注水姿勢をとっても構わないが、放水停止線を越えてはいけない。

10 ノズル操作、基本注水姿勢

> 1. 基本注水姿勢から、右手を筒先から離さないように滑らせながら、プレイパイプの中央部付近へ移動し、
> 2. 筒先を右わき下と右腕で確実に抱え、左手を筒先から離さず滑らせながら、ノズルを握り、
> 3. ノズルを徐々に、棒状に開き、
> 4. ノズルが開いたら左手を離さないように滑らせてプレイパイプ上部に移動させ、
> 5. 右手をプレイパイプから離さないように滑らせながら取手を握り、基本注水姿勢をとり標的に注水する。
> 6. 標的が倒れた後、筒先の仰角をおおむね30度に保つ。

§5　3番員の操作

1　とび口を置き、ホース積載部へ移動

1　1番員が「**第2線延長始め**」の号令を復唱したら「**よし**」と呼唱し、折り膝の姿勢（又は折り膝に準じた姿勢）で、とび口を身体の右側の地面に置き、
2　次いで、身体を起こして（両足はそのまま）、姿勢を正し、
3　ポンプ車方向に向きを変え（両かかとを軸に方向転換）、

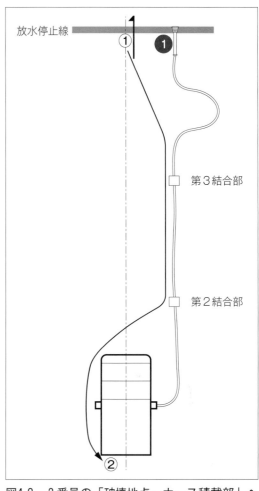

図4.2　3番員の「破壊地点～ホース積載部」への移動経路
①とび口を置く　②ホース積載部へ移動

4　かけ足行進の要領で発進し、第1線延長ホースの左側に沿って最短距離を進み、
5　車両後部のホース積載部にいたる。

2　第2ホースを搬送に便利な位置に置く

1　第2ホースを両手で確実に保持し、
2　搬送に便利な位置に置く。

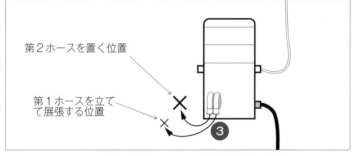

図4.3　第2線第2ホースを置く位置（例）

＊第2線第2ホースを置く位置は、第2線第1ホースの左側でも右側でもよい。
＊図の位置と使用する第1ホース・第2ホースは、一例として示したもの。

3　第1ホースを降ろし、展張

1　再び、車両後部にいたり、第1ホースを両手で確実に保持して、
2　展張に便利な位置に搬送し、ホースのめす金具が手前になるように地面に立て、
3　右足先でめす金具近くを踏み、右手でおす金具を下方から確実に保持し、左手は立てたホースに添えて、右手で前方に転がすように展張し、
4　次いで、右手のおす金具を搬送に便利な位置（ここでは展張されたホースの左側）に、折って、静かに置く。

4　余裕ホースの確保、第1結合

1　右足をホースから離すと同時に、めす金具を両手で持ち、
2　放口側に向きを変え、右手はめす金具を持ったまま、左手はホースに持ち替え、余裕ホース（おおむね2m）を取り、
3 4　両手で第2放口に結合し、爪がかかっているか両手ではかま部分を引いて確認する。

5　第2ホースを担ぎ、第1ホース延長

1　折り膝の姿勢（又は折り膝に準じた姿勢）で、右手で第2ホースのめす金具部を、左手でめす金具の反対側を保持して持ち上げて左肩に担ぎ、
2　次いで、めす金具部を左手に持ち替えた後、右手で第1ホースのおす金具を持って、
3　腰につけ、
4　立ち上がって、

> 5　かけ足で、展張ホースの左側に沿って前進し、第1ホースを延長する。
> 6　第2結合部にいたり、
> 7　第1ホースのおす金具を静かに置く。

6　第2ホース展張

> 1　第2ホースを肩から降ろして、めす金具が手前になるように地面に立てて置き、
> 2　右足先で第2ホースのめす金具近くを踏み、右手でおす金具を下方から確実に保持し、左手はホースに添えて展張方向を定め、
> 3　前方に転がすように展張し、
> 4　おす金具を、搬送に便利な位置に、折って静かに置く。

7　第2結合

1　右足を第2ホースから離し、めす金具側に向きを変え、右足先で第1ホースのおす金具を立て、
2　両手で第2ホースのめす金具を持ち、第1ホースのおす金具に垂直に合わせて結合し、爪がかかっているか、両手ではかま部分を引いて確認する。

8　第2ホース延長

1　次いで、右足を第1ホースから離すと同時に、火点側に向きを変えて折り膝の姿勢（又は折り膝に準じた姿勢）となり、右手で第2ホースのおす金具を持ち、
2　おす金具を腰につけた後、
3　左手を体側から腰に上げ、
4　かけ足行進の要領で展張ホースの左側に沿って前進し、第2ホースを延長する。
5　第3結合部にいたり、第2ホースのおす金具を静かに置く。

9　第3結合

1. その後、右足先で第2ホースのおす金具を立て、
2. 両手で第3ホースのめす金具を持ち上げ、第2ホースのおす金具に垂直に合わせて結合し、
3. 爪がかかっているか、両手ではかま部分を引いて確認する。
4. 次いで身体を起こし、右足をホースから離すと同時に右足を左足に引きつけ、
5. 火点に向きを変え、基本の姿勢をとる（両足かかとが第3結合部より火点側になるようにする）。

10　第2線放水開始の伝達

1. 2番員の「第2線放水始め」の合図により、「**第2線放水始め**」と復唱し、
2. ポンプ車方向にまわれ右をして（足を引きつけることなく）、かけ足行進の要領で発進し、

第4章 第2線延長／3番員

3 延長ホースの左側に沿って進み、
4 第2結合部付近をまたいで、4番員の方向に直進し、
5 伝令停止線内で4番員に相対して停止し、基本の姿勢をとり、

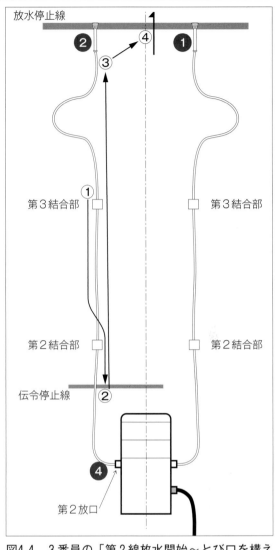

図4.4 3番員の「第2線放水開始～とび口を構える」までの移動経路

①「第2線放水始め」と復唱 ②「第2線放水始め」と伝達 ③「伝達終わり」と合図 ④とび口を構える

Point
- 第2結合部付近をまたぐ場合は、結合部の火点側付近とする（**図4.4**参照）。
- 伝令停止線内における足の位置は、p34の**図3.7**を参照。

6 次いで、右手を垂直に挙げて、「**第2線放水始め**」と伝達する。
7 4番員が右手を垂直に挙げて、「**第2線放水始め**」を復唱し右手を下ろした後、手を下ろし、

第1編　ポンプ車操法

> 8　火点方向にまわれ右をし（足を引きつけることなく）、
> 9　かけ足行進の要領で、延長ホースの右側に沿って最短距離を走り、
> 10　第2線の注水部署位置（2番員の反対側。1歩後方）にいたり、「**伝達終わり**」と合図する。

> **Point**
> ・第2線放水開始伝達時の二度ある（第3結合部側とポンプ車側の）まわれ右は、かかとを軸に回転する。
> ・伝達時のかけ足の速度は消防訓練礼式のかけ足の歩調以上とし、緩慢であってはならない。

11　とび口を構える

> 1　次いで、破壊地点の方向に向きを変えて（足を引きつけることなく）、発進し、
> 2　とび口左側にいたり、
> 3　折り膝の姿勢（又は折り膝に準じた姿勢）で、両手でとび口を持ち、
> 4　身体を起こし、構える。

第4章 第2線延長／4番員

§6　4番員の操作

1　第2線延長開始の伝達受領

1 2番員の「第2線延長」の伝達に、基本の姿勢で「第2線延長」と復唱する。

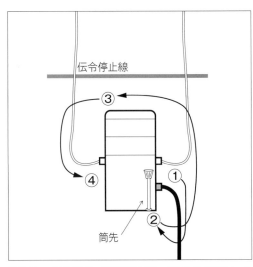

図4.5　4番員の「伝達受領〜第2放口側」までの移動経路
①「第2線延長」の伝達受領　②筒先を渡す
③待機（いたりの姿勢）　④第2放口側に到着

2　筒先を渡す

1 まわれ右をして（足を引きつけることなく）発進し、
2 吸管接地部をまたぎ、
3 第2線筒先の積載部にいたり、筒先を両手で取り外し、
4 右に向きを変えて2番員に相対し、筒先を水平にして、渡す。

3 第2放口側へ移動、余裕ホース配意

1. 筒先を渡した後、右に向きを変え、
2. 発進し、吸管接地部をまたぎ、
3. ポンプ車右側を通って、ポンプ車の前部（ポンプ車左側面の延長線の右側）にいたり、3番員の通過を待ち、
4. 3番員が目の前を通過した後、発進し、延長ホースをまたいで、
5. 第2放口側に移動し、火点に向かって基本の姿勢をとる。

Point
- 4番員がポンプ車前で3番員の通過を待つ姿勢は、足はいたりで、手は体側に下ろしても下ろさなくてもよい。
- 放水開始の伝達を待つ際は、計器の確認が容易で、かつ放口コック、スロットルバルブの操作ができる位置に立つ。

6. 次いで、左足を横に開き、3番員が延長したポンプ側の余裕ホースに配意した後、
7. 再び火点に向かって基本の姿勢をとり、放水開始の伝達を待つ。

4　第2線放水開始の伝達受領、送水操作

1. 4番員は基本の姿勢で、3番員の「第2線放水始め」の伝達に、右手を垂直に挙げて「**第2線放水始め**」と復唱し、
2. 次いで右手を下ろして、
3. 第2放口側に右足を1歩踏み出し、
4. 一方の手は放口コックを全開にするまで徐々に開き、同時に計器に配意しながら、他方の手はスロットルバルブを操作し、適正圧力を確保する。
5. 適正な送水圧力を確保でき、送水が安定したら、右足を引きつけ、火点に向かって基本の姿勢をとる。

5　第1放口側へ移動、計器監視

1. 3番員による2番員への第2線放水開始の「**伝達終わり**」の合図を確認した後、左に向きを変えて（足を引きつけることなく）発進し、
2. ポンプ車前を通り、
3. 第1放口側に右向け止まれの要領で停止し、火点に向かって基本の姿勢をとる。
4. 以後、計器に配意しながら送水操作を続ける。

§7　第1線・第2線延長体系図

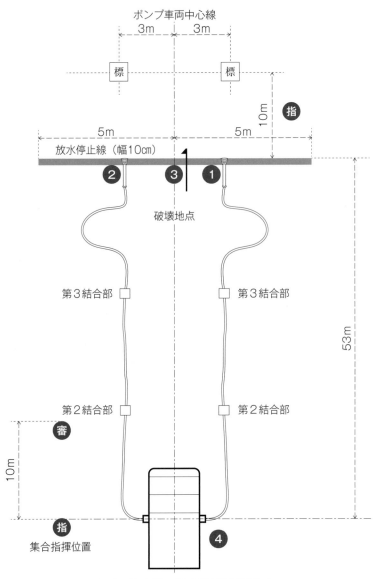

図4.6　第1線・第2線延長体系図

§8　火点標識

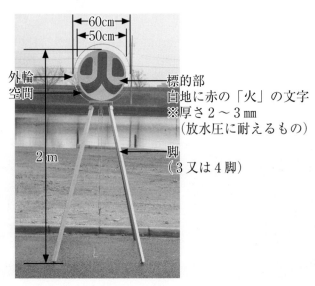
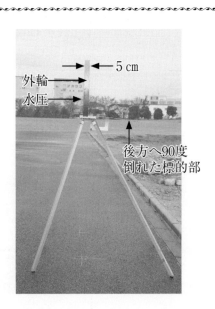

第5章 放水中止

§1 放水中止合図

> **1 2** 審査副班長が、赤旗を正面水平の位置から、真下に振り、「**放水中止**」と合図する。

> **Point**
> ・放水中止の合図は、第2線延長の3番員が定位についた後、約10秒後とする。

§2 指揮者の操作

1 放水中止の号令、操作状況監視

> **1** 指揮者は、火点監視の姿勢から、
> **2** （合図により）1番員の方向（大きく左）に向きを変え、
> **3** 基本の姿勢で「**放水止め**」と号令し、
> **4** 基本の姿勢のまま頭のみを動かし、各隊員の操作状況を監視する。

2　火点の鎮圧状況監視

1. 3番員が4番員に「**放水止め**」の伝達をした後、
2. 破壊地点に戻り、「**伝達終わり**」の合図をし、
3. とび口を立てるのを確認したら、
4. 指揮者は火点方向（大きく右）に向きを変え、基本の姿勢で火点の鎮圧状況を監視する。

§3　1番員・2番員の操作

1　放水中止

1. 指揮者の「**放水止め**」の号令で、1番員及び2番員は基本注水姿勢から、筒先を右わき下にしっかり抱え、
2. 右手を筒先から離さないように滑らせながらプレイパイプの中央部付近へ移動させて、筒先を右わき下と右腕で完全に抱え、

Point
- 筒先をやや上に持ち上げる。

3 次いで、左手を筒先から離さないように滑らせてノズルを握り、
4 徐々に閉める。
5 ノズルを閉めた後、左手を筒先から離さないように滑らせてプレイパイプ上部を握り、
6 右手も、プレイパイプから離さないように滑らせながら、取手を握って基本注水姿勢で、1番員は「**第1線放水止め**」（2番員は「**第2線放水止め**」）と復唱する。

2　排水操作

1 3番員の放水中止の「**伝達終わり**」の合図により、1番員及び2番員は右手を筒先から離さないように滑らせてプレイパイプの中央部付近へ移動させて、右わき下に筒先をしっかり抱え、
2 次いで、左手を筒先から離さないように滑らせてノズルを握り、ノズルを徐々に開いた後、
3 筒先を上方から下方に向け、排水する（ノズルを全開にする）。

> **Point**
> ・ 排水作業時のノズルの開放については、圧力のかかった状態から、基本注水姿勢でノズルを徐々に開いて、一旦圧力を抜き、その後ノズルを下方に向けて、安全に排水する。

第1編　ポンプ車操法

> 4　審査副班長が、赤旗を正面斜め前方に振り、「**排水止め**」と合図する。

> Point
> ・排水止めの合図は、1番員及び2番員が排水操作でノズルを上向きで開いた時点から、約10秒後とする。

> 5　（合図により）ノズルを完全に閉める。
> 6　次いで、左手をノズルからプレイパイプ上部に滑らせながら握り変え、
> 7　右手でノズルを握り、「**よし**」と合図して、
> 8　筒先を立て、
> 9　左手を離すと同時に、左足を右足に引きつけ、姿勢を正す（筒先は右足際に立てたまま）。

> Point
> ・1番員及び2番員の排水操作終了後、「右手でノズルを握り」とは、右手でノズルを横から握り、右足際に置いて立ち上がるものとする。ただし、姿勢を正したときに、筒先が地面から浮いてしまう場合は、筒先を置いた後、右手でノズルを上から握ってもよいものとする。

§4　3番員の操作

1　放水中止の伝達

1. 1番員及び2番員の「**放水止め**」の復唱に、とび口を構えたまま「**よし**」と呼唱し、
2. 次いで、折り膝の姿勢（又は折り膝に準じた姿勢）で、とび口をその場に両手で静かに置き、
3. 身体を起こして、
4. 後方に向きを変え、かけ足行進の要領で発進し、

5. 第1線延長ホースの左側に沿って前進し、
6. 伝令停止線内で4番員に相対して停止し、基本の姿勢をとり、

第1編　ポンプ車操法

7　右手を横水平に挙げて、「**放水止め**」と伝達。
8　4番員が右手を横水平に挙げて、「**放水止め**」と復唱し、
9　手を下ろした後、
10　3番員は手を下ろし、
11　次いで、火点方向にまわれ右をして（足を引きつけることなく）、発進し、

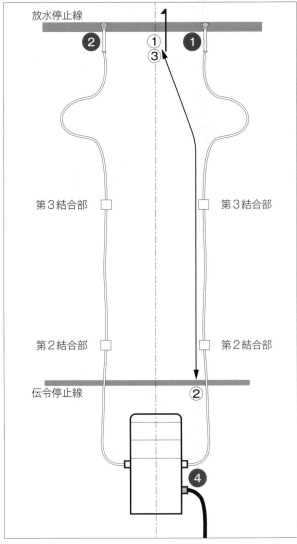

図5.1　3番員の「放水中止」の伝達経路
①とび口を置く　②「放水止め」と伝達　③「伝達終わり」と合図

第5章 放水中止／3番員

> 12　第1線延長ホースの左側に沿って前進し、
> 13　1番員と2番員の中間地点で停止し、「**伝達終わり**」と合図する。

> **Point**
> ・　伝達時のかけ足の速度は消防訓練礼式のかけ足の歩調以上とし、緩慢であってはならない。
> ・　1番員と2番員の中間地点での停止は、1番員の右足かかとと2番員の右足かかとを結んだ線上に、3番員の両足かかとが並ぶようにする。

2　とび口を立てる

> 1　続いて、左足を1歩踏み出し、
> 2　折り膝の姿勢（又は折り膝に準じた姿勢）で、とび口を両手で持ち、
> 3　身体を起こして左足を右足に引きつけると同時にとび口を右足際に立てて、
> 4　姿勢を正す。

第1編　ポンプ車操法

§5　4番員の操作

1　放水中止の伝達受領、第1線放水停止

> **1** スロットルバルブを操作し、エンジン回転を下げる（放水停止に伴いエンジン回転が著しく上昇した場合の操作であり、必要ない場合はやらなくてよい）。
> **2** その後、基本の姿勢で、伝達の3番員を待つ。

> **3** 3番員に基本の姿勢で相対し、3番員の「**放水止め**」の伝達に、
> **4** 右手を横水平に挙げて「**放水止め**」と復唱し、
> **5** 右手を下ろし、基本の姿勢をとり、
> **6** 次いで、第1放口側に左足を1歩踏み出し（足を引きつけることなく）、
> **7** 計器に配意しながら一方の手でスロットルバルブを操作し、他方の手で第1放口を徐々に閉じ、
> **8** 完全に閉じる。

2　第2放口側へ移動、第2線放水停止

> 1　次いで、右に向きを変えて（足を引きつけることなく）発進して、第1線ホースをまたぎ、
> 2　ポンプ車の前を通って、

> 3　第2線ホースをまたぎ、第2放口側にいたり、
> 4　第2放口コックを徐々に閉じ、
> 5　完全に閉じたら、
> 6　足を引きつけ、火点に向かって基本の姿勢をとる。

Point
・ポンプ車の前を通るときは、最短距離を進む。

図5.2　4番員の「第2放口側」への移動経路
①「放水止め」の伝達受領、第1線放水停止
②第2放口側へ移動、第2線放水停止

Point
・スロットルバルブには触れない。

第1編　ポンプ車操法

3　第1放口側へ移動

1　3番員が放水中止の「**伝達終わり**」と合図したのを確認したら、直ちに左に向きを変えて（足を引きつけることなく）発進し、
2　第2線ホースをまたぎ、
3　ポンプ車の前を通って、
4　第1線ホースをまたぎ、
5　第1放口側に右向け止まれの要領で停止し、
6　火点に向かって基本の姿勢をとる。

図5.3　4番員の「第1放口側」への移動経路
①第2線放水停止　②第1放口側へ移動

第6章 収 納

※本章は全国消防操法大会で採用されている「収納」方法です。「全部の収納」は第9章をご覧ください。

§1 収納合図

1 2 審査副班長が、赤旗を横水平の位置から、真下に振り、「**収納**」と合図する。

Point
- 収納の合図は、排水止めの合図から約10秒後とする。

§2 指揮者の操作

1 収納の号令、集合指揮位置へ移動

1 （合図により）指揮者は、火点監視の姿勢から、1番員の方向（大きく左）に向きを変え、
2 基本の姿勢で「**おさめ**」と号令し、

第1編　ポンプ車操法

3 1番員・2番員が筒先を離脱して完全に背負うのを確認した後、後進方向（火点側余裕ホースの先端方向）に向きを変え（足を引きつけることなく）、

4 1番員と合わせて、かけ足行進の要領で発進し、

5 第1線延長ホースの右側の最短距離を進み（図6.1参照）、

6 第1線第2結合部付近をまたぎ、さらに第2線ホースをまたいで進み、

7 集合指揮位置で停止する。

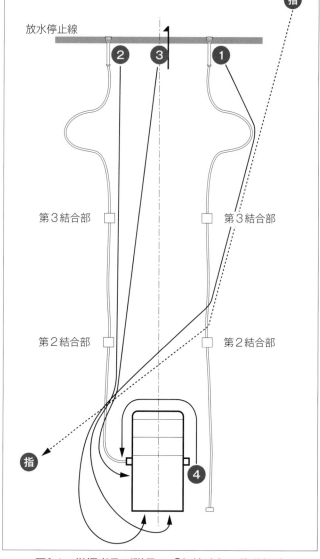

図6.1　指揮者及び隊員の「収納時」の移動経路

Point
・ 第1線第2結合部付近をまたぐ場合は、結合部の火点側付近とする（図6.1参照）。

§3 1番員・2番員の操作

1 筒先を離脱し、背負う

① 指揮者の「おさめ」の号令に、「よし」と呼唱し、
② 筒先を立てた位置でホースのたるみ部分をのばすと同時に、
③ 右足を斜め右前方に大きく1歩踏み出して、ホースをまたぎ、
④ 次いで左足先で、おす金具近くを押さえ、
⑤ 両手で爪離脱環を引いて離脱する。

👉 Point

- 筒先をホースから離脱する要領は、立てた筒先のめす金具のたるみ部分を前に出して離脱してもよいし、前に出さず右足でホースをまたぎ、左足先でおす金具近くを押さえて離脱してもよい。
  ただし、1番員と2番員は、離脱要領を合わせること。

⑥ 次いで、左足をホースから離すと同時に右手でノズル付近（回転部分以外）を持ち、左手で背負いひもの中央部を持ち、
⑦ 右手を頭上に上げると同時に、左手を右わき下にして、頭と左腕を背負いひもにくぐらせ、

第1編　ポンプ車操法

> 8　ノズルが右肩に、元金具が左腰の近くにくるように背負い、
> 9　手を下ろす。

👉 Point
- 筒先を離脱し、おす金具近くを押さえていた左足を離してから、筒先を背負う動作に移る。

2　筒先搬送

> 1　続いて、第1線火点側余裕ホースの先端方向（2番員はポンプ車方向）に向きを変えて、発進し、
> 2　余裕ホースの先端を通り（2番員はそのままポンプ車方向に直進し）、最短距離を進み（p80 図6.1参照）、
> 3　第1線（2番員は第2線）延長ホースの右側を進み、
> 4　途中、第1線第2結合部付近（2番員は第2線第1ホース中間付近）をまたぎ、
> 5　ポンプ車左側を通って、
> 6　ポンプ車後部左側（2番員は右側）の筒先積載位置にいたる。

3　筒先を肩から降ろし、収納

1. 左手で取手近くのプレイパイプを握り、
2. 元金具を腹部から頭上へ移動すると同時に、
3. 右手で背負いひもを持って頭をくぐらせ、
4. 筒先を降ろし、
5. 両手で保持して、
6. 筒先積載位置に収める。

第1編　ポンプ車操法

§4　3番員の操作

1　とび口収納

1. 指揮者の「**おさめ**」の号令に、「**よし**」と呼唱し、とび口を浮かし、
2. まわれ右の要領で、向きを変えると同時に、とび口の柄の中央部を左手に持ち替えてとび口搬送の姿勢と同じ要領で左わき下に抱え、
3. かけ足行進の要領で発進し、最短距離を進み（p80　**図6.1**参照）、

4. 第2線第1ホースをまたいで、
5. とび口収納位置にいたり、
6. 両手でとび口を持ち上げ、
7. 元の位置に確実に収める。

第6章 収 納／4番員

§5　4番員の操作

1　乗車、エンジン停止、下車

> 1. 指揮者の「おさめ」の号令に、「よし」と呼唱して、右に向きを変えて発進し、
> 2. ホース接地面の最短距離を通り、乗車位置にいたり、ドアを開け、
> 3. 手すり等の固定具につかまり、ステップに足をかけて乗車した後、
> 4. ポンプレバーを操作し、エンジンを停止させる。

> 5. 続いて、手すり等の固定具を握り、下車位置の安全を確認し、
> 6. 足を開いた状態で、車体側（又は火点側）を向いて下車し、ドアを閉める。

Point
・収納時のポンプレバーを操作するときは、ドアを開けたままでも、閉めてもよい。

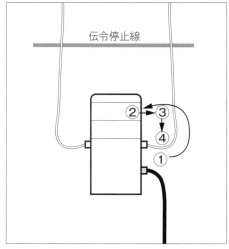

図6.2　4番員の「乗車〜第1結合離脱」の移動経路
①基本の姿勢　②乗車、ポンプレバー操作、エンジン停止　③下車　④第1線第1結合離脱

2 第1線側ホース（第1放口）離脱、余裕ホース伸長

> 1 続いて、第1放口側に向きを変え、
> 2 かけ足行進の要領で発進し、第1放口付近（ホース内側）にいたり、
> 3 めす金具を両手で持ち、指先で放口の爪離脱環を手前に引いてホースを離脱し、
> 4 5 次いで、余裕ホースがおおむね一直線になるように伸長し、
> 6 折り膝の姿勢（又は折り膝に準じた姿勢）で、両手でめす金具を、静かに置く。

Point
- 第1結合を離脱するときは、ホースをまたがない。

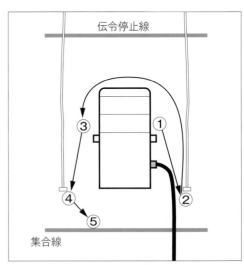

図6.3 4番員の「第1線余裕ホース伸長～集合線」への移動経路

①第1線第1結合離脱 ②第1線余裕ホース伸長 ③第2放口側へ移動、第2線第1結合離脱 ④第2線余裕ホース伸長 ⑤集合線へ移動

3 第2線側ホース（第2放口）離脱、余裕ホース伸長

1. 立ち上がって、ポンプ車前方に向きを変え、
2. かけ足行進の要領で発進し、ポンプ車の前を通って、
3. 第2放口付近（ホース内側）にいたり、
4. 第2放口のめす金具を両手で持ち、指先で放口の爪離脱環を手前に引いて、ホースを離脱し、
5. 余裕ホースがおおむね一直線になるように伸長し、
6. 両手でめす金具を静かに置く。

§6 集合線へ移動

1・2 各隊員は、各々の収納操作終了後、直ちに集合線に移動し、身体・服装の点検を始める。

第7章 身体・服装の点検

§1 点検要領

負傷の有無、服装の乱れを点検し、整える。

各隊員は、各々の収納操作終了後、集合線にいたり、基本の姿勢で身体・服装の点検を行う。

指揮者は、集合指揮位置にて各隊員の収納操作終了を確認した後、直ちに基本の姿勢で身体・服装の点検を行う。

§2 点検のポイント

ヘルメット（曲がり、顎ひも）

ゼッケン（曲がり、結着ひも）

上衣（ボタン、だぶつき等）

ズボン（ベルト、ボタン等）

ズボン（汚れなど）

靴（靴ひも）又は脚絆

Point
- 指揮者の服装点検は、最終の隊員が器具を収めた後、集合線に集まったときとする。
- 指揮者以外の隊員の服装点検については、集合線に戻った隊員から行う。

第8章 報告・解散

§1 点検報告

1 自主整頓（隊員）

> 1. 隊員は、最後の操作員が服装点検を終えたら、基本の姿勢をとり、
> 2. 2番員を基準に、自主整頓を開始する。
>   * 1番員は基本の姿勢のまま、頭のみ2番員の方向に向ける。
>   * 2番員は、右手を側方に張り、前方を直視する。
>   * 3番員・4番員は、右手を側方に張り、頭を2番員の方向に向ける。
> 3. 整頓が完了したと判断したならば（このとき、1番員は「**よし**」と小声で合図してもよい）、頭を正面に向け、基本の姿勢をとる。

Point
- 2番員・3番員・4番員が手を下ろすタイミングは、「同時一斉に」でもよいし、「2番員・3番員・4番員の順」でもよい。

2 点検報告の号令、受領（指揮者）

> 1・2 指揮者は、隊員が自主整頓を終了し基本の姿勢をとったら、基本の姿勢から「**点検報告**」と号令。
> ※以後、1番員〜4番員の点検報告に対し、その都度、「**よし**」と呼唱する。

3 点検報告(隊員)

(1) 1番員

1. 指揮者の「**点検報告**」の号令により、1番員は半ば左向けを行い、
2. 基本の姿勢で「**1番員異常なし**」と報告し、
3. 指揮者の「**よし**」の呼唱後、半ば右向けを行い、
4. 正面に復す。

(2) 2番員・3番員・4番員

5 6 7 1番員の動作等に準じて、2番員・3番員・4番員の順に報告を行う。

Point
- 各隊員は、報告間隔、動作の斉一を期する。

§2 終了報告

1 終了報告位置へ移動（指揮者）

1 指揮者は、隊員の点検報告終了後、直ちに集合指揮位置から審査班長の方向に大きく左向けをし、向きを変え、
2 足を引きつけ、基本の姿勢をとり、
3 手を腰に上げ、かけ足行進の要領で発進する。

2 終了報告

4 審査班長の前方5mの位置で停止し、基本の姿勢をとり、
5 審査班長に挙手注目の敬礼を行い、審査班長の答礼の後、手を下ろし、
6 基本の姿勢で、「○○県（都道府）○○市（町村）消防団、ポンプ車操法を終了しました」と報告し、
7 挙手注目の敬礼を行った後、まわれ右をして、かけ足行進の要領で発進し、

8 集合指揮位置で、隊員に相対するように左向け止まれの要領で停止し、
9 手を下ろして基本の姿勢をとる。

第1編　ポンプ車操法

§3　解　散

1　指揮者

1. 指揮者は、基本の姿勢から「**わかれ**」と号令し、
2. 各隊員の敬礼に対して、挙手注目の敬礼で答礼し、手を下ろす。

2　隊員

1. 各隊員は、指揮者の「**わかれ**」の号令で、一斉に指揮者に相対し（半ば左向け）、
2. 挙手注目の敬礼を行い、
3. 指揮者の答礼の後、一斉に手を下ろし、
4. 正面に復し（半ば右向け）、その後、解散する。

> **Point**
> ・指揮者の「**わかれ**」の号令で各隊員が正対敬礼した後、指揮者の答礼は上体を振っても振らなくてもよい。

§4　撤　収

指揮者は「**撤収**」と号令し、各隊員は各資器材を収納する。

第9章 全部の収納

§1 指揮者の操作

1 収納合図、収納の号令、第1線第2結合部へ移動

※p79・80の「§1　収納合図」及び「§2　指揮者の操作」の**1**～**5**に準じて行う。
※移動経路は、p94の「**図9.1**　指揮者の「収納時」の移動経路」を参照。

2 第1線第2結合離脱

1 第1線第2結合部に右向け止まれの要領（開脚）で、ホースに正対して止まり、
2 左足先でおす金具がやや上を向くように押さえ、
3 両手で爪離脱環を引いて離脱して、その場にめす金具を静かに置き、
4 身体を起こすと同時に左足をホースから離す。

3 第2線第2結合部へ移動、第2線第2結合離脱

1 次いで、第1線第2結合部をまたいで発進し、
2 第2線第2結合部にいたり（開脚）、ホースに正対して止まる。

※以下、上記の「2　第1線第2結合離脱」の**2**～**4**に準じて行う。

4　第2線第1ホース収納、搬送

> **1**　第2線第2結合離脱後、折り膝に準じた姿勢となり、両手で第2線第1ホースのおす金具から巻き始め、
> **2**　ホース内の残水を押し出すようにうず巻きに（凹凸ができないように）巻いていき、
> **3**　巻き終わったら、めす金具のはかま付近で右へ倒し、ホースを整理し、
> **4**　折り膝の姿勢（又は折り膝に準じた姿勢）で、右手でめす金具部、左手でめす金具の反対側を持ち、
> **5**　めす金具が上部斜め前方にくるように持ち上げて、左肩に担ぎ、

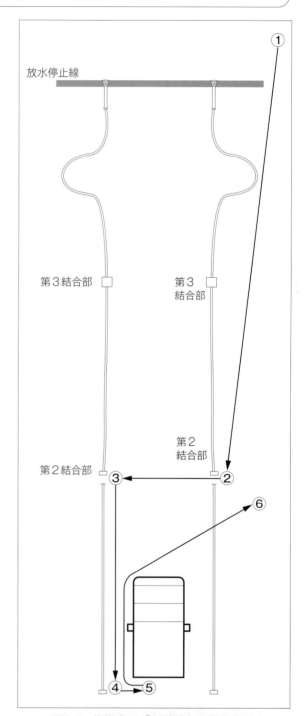

図9.1　指揮者の「収納時」の移動経路
①火点指揮位置　②第1線第2結合離脱　③第2線第2結合離脱　③—④第2線第1ホース収納　④—⑤第1ホース搬送　⑤第1ホースを元の位置に収める　⑥操作指揮位置

6 めす金具部を右手から左手に持ち替え、左手でめす金具部を確実に保持すると同時に、右手を下ろし、
7 立ち上がって、ポンプ車方向に向きを変え、発進し、
8 ポンプ車後部にいたり、
9 左手を前方に少し下げると同時に、右手にめす金具部を持ち替え（左手はめす金具の反対側を保持して）、両手でホースを降ろし、元の位置に収める。

5　操作指揮位置へ移動、収納操作状況監視

1 続いて、左に向きを変えて発進し、
2 ポンプ車左側を通り、
3 操作指揮位置に左向け止まれの要領（延長ホースに正対）で停止し、
4 基本の姿勢で、各隊員の収納操作状況を監視する。

§2　1番員・2番員の操作

1　筒先を離脱し、背負う

※p81・82の「1　筒先を離脱し、背負う」に準じて行う。

2　第3結合離脱

> ❶　筒先を背負った後、第1線火点側余裕ホースの先端方向（2番員はポンプ車方向）に向きを変えて発進し、
> ❷　第3結合部に右向け止まれの要領で、ホースに正対して止まる。

※以下、p93の「2　第1線第2結合離脱」の❷～❹に準じて行う。

3　余裕ホース伸長

> ❶　第3結合離脱後、余裕ホースの先端方向（2番員は第3ホースのおす金具方向）に向きを変えて発進し、
> ❷　第3ホースのおす金具部に左向け止まれの要領で、大きく回り込んで、右足を軸に左に回転しながら左足を後方（火点側）へ引いて、ポンプ車方向を向いて止まり、

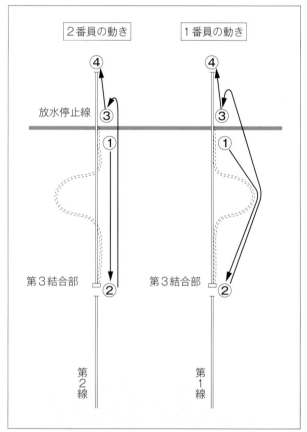

図9.2　1番員・2番員の「筒先離脱～余裕ホース伸長」の移動経路
①筒先を離脱し、背負う　②第3結合離脱　②—③第3ホースおす金具部へ移動　③—④余裕ホース伸長

3 次いで、折り膝の姿勢（又は折り膝に準じた姿勢）で、おす金具を両手で持って、
4 余裕ホースを伸長する。

4 第3ホース収納、搬送（筒先も同時搬送）

※ p94・95の「4 第2線第1ホース収納、搬送」に準じて行う。
※ 移動経路は、「**図9.3** 1番員・2番員の「第3ホース収納、搬送」の移動経路」を参照。

5 筒先を肩から降ろし、収納

※ p83の「3 筒先を肩から降ろし、収納」に準じて行う。

6 第3結合部へ移動

1 1番員・2番員は、第3ホース及び筒先を収納後、左に向きを変えて発進し、
2 ポンプ車左側を通って、

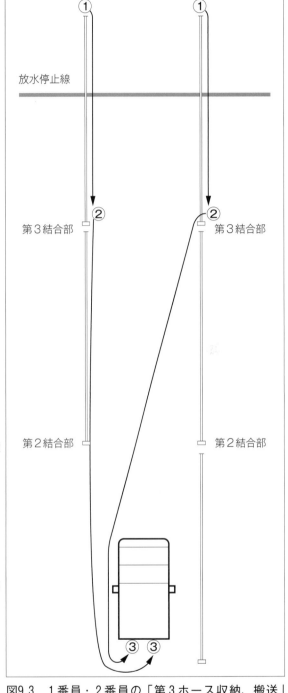

図9.3 1番員・2番員の「第3ホース収納、搬送」の移動経路
①—②第3ホース収納 ②—③第3ホース搬送 ③第3ホース及び筒先を元の位置に収める

第1編　ポンプ車操法

3　第3結合部の第2ホースのおす金具部に、右向け止まれ（2番員は左向け止まれ）の要領で大きく回り込み、

4 5　1番員は左足を軸に右に回転しながら、右足を後方（火点側）へ引き、ポンプ車方向を向いて止まる。

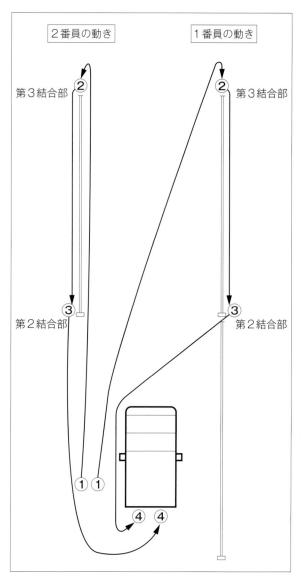

図9.4　1番員・2番員の「第2ホース収納、搬送」の移動経路
①第3ホース収納後、車両左側を通る　②第2ホースおす金具部へ回り込む　②―③第2ホース収納　③―④第2ホース搬送　④第2ホースを元の位置に収める

6 7　2番員は右足を軸に左に回転しながら、左足を後方（火点側）へ引き、ポンプ車方向を向いて止まる。

7　第2ホース収納、搬送

※p94・95の「4　第2線第1ホース収納、搬送」に準じて行う。
※移動経路は、「図9.4　1番員・2番員の「第2ホース収納、搬送」の移動経路」を参照。

§3　3番員の操作

1　とび口収納

※p84の「1　とび口収納」に準じて行う。
※移動経路は、p80の「**図6.1**　指揮者及び隊員の「収納時」の移動経路」の3番員の経路を参照。

2　枕木を取り外す

1. とび口収納後、ポンプ車後方に向きを変え、発進し、
2. 水利の枕木取付け位置にいたり、枕木を取り外して、
3. 操作の支障にならない位置に置く。

3　吸管引上げ

1. 次いで、身体を起こし、控綱を両手でたぐりながら、

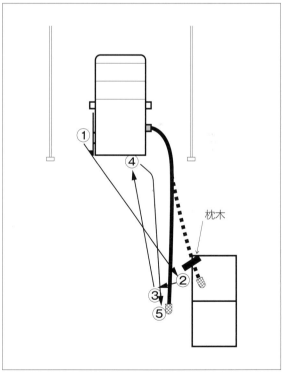

図9.5　3番員の「とび口収納～控綱取付け」までの移動経路
①とび口収納　②枕木取外し　③吸管引上げ　④控綱取外し　⑤控綱取付け

> **2** 吸管引上げに便利な位置にいたり、左足を後ろに引き、控綱の根本付近を右手で持って、4番員の吸管引上げ準備が完了したら、「よし」と合図し、
> **3** 左手で吸管を左腰部に抱えるように持ち、右足を半歩引いて吸管を水利から引き上げ、
> **4** その場に置く。

4　控綱を解いて、ストレーナーに取り付ける

> **1** 続いて、身体を起こして、ポンプ車方向に向きを変え、発進し、
> **2** ポンプ車後部にいたり、結着した控綱を解き、
> **3** 次いで、ストレーナー方向に向きを変え、
> **4** 控綱をたぐって輪状にまとめながら、

> **5 6** ストレーナー部にいたり、右足を立てた折り膝の姿勢となって、控綱をストレーナーに取り付ける。

5　吸管直伸

> **1** 控綱取付け後、吸管を右手はストレーナー近くを下から、左手は上からそえて持ち、左腰部に持ち上げながら立ち上がり（ストレーナー側に重心をかける）、
> **2** 4番員の「よし」の合図で、4番員と歩調を合わせて左足から2歩半で、吸管のよじれを取りながら吸管が直伸する位置まで下がり、
> **3** 静かにその場に置く。

6　吸管排水

> **1** 続いて、左に向きを変えながら立ち上がり（吸管に面する）、
> **2** 左足を軸に右足を左足の左斜め前方に大きく1歩踏み出して吸管をまたぎ、

第1編　ポンプ車操法

> **3** 続いて左に回転しながら左足も吸管をまたいで吸管右側（ストレーナー結合部からおおむね2mの位置）に移動し（吸管に面する）、
> **4** 次いで、ストレーナー方向に向きを変え、
> **5** 左足を立てた折り膝の姿勢となり、左手でストレーナー近くを、右手で右膝近くを持って吸管を保持し、4番員から送り出されてくる残水を待ち（吸管は接地している）、
> **6** 4番員が吸管をたぐりながら3番員に近づくに従って、右手で吸管を徐々に持ち上げ排水する（この操作を4番員の動きに合わせて2回実施する）。

7　吸管転達、収納

> **1** 続いて、立ち上がりながら、左手は吸管のストレーナー近くを下から持ち、右手は吸管を上から押さえてストレーナー部をポンプ車方向に持ち上げ、次いでストレーナー近くを右手に持ち替え、これを吸管接地部の右側に置いて輪状にし、
> **2** 輪状になった吸管を両手で押すように転がし、

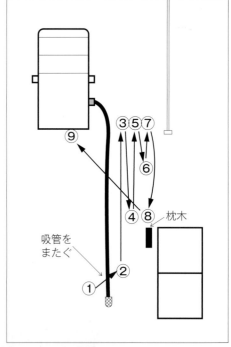

図9.6　3番員の「吸管直伸～枕木収納」の移動経路
①吸管直伸（事後）　②吸管右側に移動、吸管排水（2回実施）　②―③吸管転達（1回目）　④―⑤同（2回目）　⑥―⑦ストレーナー部を手渡す　⑧―⑨枕木搬送　⑨枕木収納

3 4番員に転達する。
4 次いで、ストレーナー方向に向きを変えて発進し、
5 ストレーナー部に右向け止まれの要領（開脚）で止まり、
6 同じ要領で、もう1回吸管転達を行う。
7 さらに、ストレーナー方向に向きを変え、ストレーナー近くを両手で持って、これを4番員に渡し、
8 4番員と協力して、両手で吸管止め金をかける。

8　枕木収納

1 次いで、水利方向に向きを変えて発進し、
2 枕木の横にいたり、右足を立てた折り膝の姿勢で、枕木を両手で持って左腰部につけ、右手を離して左手で保持し、

第1編　ポンプ車操法

> ❸　立ち上がり、ポンプ車方向に向きを変えて発進し、
> ❹　ポンプ車後部にいたり、両手で枕木を持って元の位置に収納する。

§4　4番員の操作

1　乗車、エンジン停止、下車

※p85の「1　乗車、エンジン停止、下車」に準じて行う。

2　第1線側ホース（第1放口）離脱、余裕ホース伸長

※p86の「2　第1線側ホース（第1放口）離脱、余裕ホース伸長」に準じて行う。

3　第2線側ホース（第2放口）離脱、余裕ホース伸長

※p87の「3　第2線側ホース（第2放口）離脱、余裕ホース伸長」に準じて行う。

4　吸管引上げ補助

> ❶　第2放口を離脱し、余裕ホースを伸長後、吸管方向に大きく向きを変えて発進し、
> ❷　吸管左側の吸管投入位置からおおむね2mの位置（吸管に面する位置）にいたり、
> ❸　3番員の吸管引上げ準備ができたところで、両手で吸管を持つと同時に左足を後ろに半歩引き、
> ❹　3番員の「よし」の合図で、ストレーナー方向に向きを変えながら（吸管を右手は下から、左手は上から、左腰部に抱えるように持ち、ストレーナー側に重心をかける）、右足を引いて、吸管引上げに協力し、

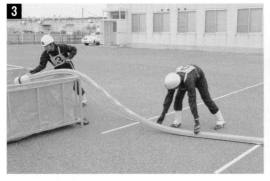

5 吸管をその場に置く。

5 吸管直伸

1 次いで、左に向きを変えながら立ち上がり（吸管に面する）、
2 左足を軸に右足を左足の左斜め前方に大きく1歩踏み出して、吸管をまたぎ、
3 続いて、左に回転しながら左足も吸管をまたいで、吸管右側中央部に移動する（吸管に面する）。
4 3番員が控綱を処理するのを待ち、控綱を吸管に取り付けた後、

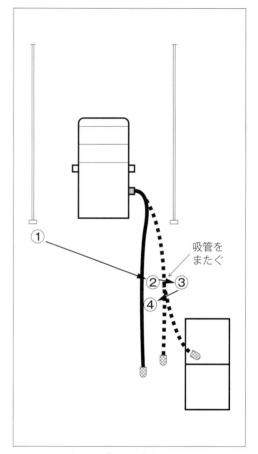

図9.7 4番員の「第2線余裕ホース伸長～吸管直伸」の移動経路
①第2線余裕ホース伸長　②吸管引上げ補助
③―④吸管直伸

第1編 ポンプ車操法

> 5 吸管を右手は上から左手は下から持って右腰部に持ち上げると同時に、ストレーナー方向に向きを変え（ストレーナー側に重心をかける）、
> 6 「よし」と合図し、3番員と歩調を合わせて右足から2歩半で、吸管のよじれを取りながら吸管が直伸する位置まで進み、
> 7 静かにその場に置く。

6 吸管排水

> 1 次いで、身体を起こして吸口方向に向きを変えて発進し、
> 2 吸管積載部へ左向け止まれの要領（開脚）で停止し、
> 3 ストレーナー方向に向きを変え、

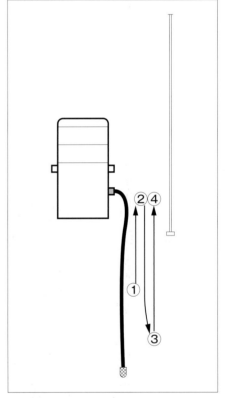

図9.8 4番員の「吸管直伸（事後）～吸口閉止」の移動経路
①吸管をその場に置く ②─③吸管排水（2回実施） ④吸管収納、吸口閉止

— 106 —

> 4 吸口部位より高くなるように、吸管を抱え込むようにして両手と右脇腹で保持し、
> 5 順次、両手で吸管をたぐるように3番員の部署近くまで移動して、排水する（同じ操作を2回実施する）。

7 吸管収納、吸口閉止

> 1 排水後、吸口方向に向きを変えて発進し、
> 2 吸口に面して左向け止まれの要領（開脚）で止まり、
> 3 3番員から転達される輪状の吸管を、順次（2回）受け取り、
> 4 最後にストレーナー部を受け取って、吸管積載部に収め、
> 5 吸管止め金を両手でかけ、
> 6 次いで、吸口コックを両手で完全に閉める。

第1編　ポンプ車操法

8　第1線第1ホース収納、搬送

> 1. 吸管収納後、右に向きを変えて発進し、
> 2. 第1線第1ホースの左側に沿っておす金具部に右向け止まれの要領で大きく回り込み、
> 3. 左足を軸に右に回転しながら右足を後方（火点側）へ引き、ポンプ車方向を向いて止まる。
> ※以下、p94・95の「4　第2線第1ホース収納、搬送」に準じて行う。

※移動経路は、「**図9.9**　4番員の「第1ホース収納、搬送」の移動経路」を参照。

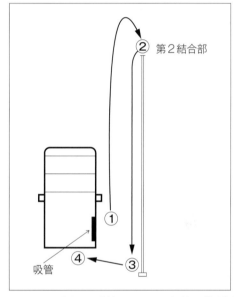

図9.9　4番員の「第1ホース収納、搬送」の移動経路
①—②第2結合部へ移動　②—③第1線第1ホース収納　③—④第1ホース搬送　④第1ホースを元の位置に収める

§5　集合線へ移動し、身体・服装の点検及び報告・解散

　各隊員は、各々の収納操作終了後、集合線にいたり、基本の姿勢で身体・服装の点検を行う。
　指揮者は、操作指揮位置にて各隊員の収納操作終了を確認した後、集合指揮位置へ移動し、基本の姿勢で身体・服装の点検を行う。

※身体・服装の点検要領は、p88の「第7章　身体・服装の点検」と同じ。
※報告・解散の要領は、p89～92の「第8章　報告・解散」と同じ。

第2編 小型ポンプ操法

第1章 小型ポンプ操法の基礎知識

§1 操法実施上の基本的留意事項

- 安全を確保するとともに、確実かつ迅速に行う。
- 行動・動作は原則かけ足とし、動作・操作の区切りは節度正しく行う。
- 使用消防機械器具に精通するとともに、その愛護に努める。
- 指揮者及び各隊員は、相互に緊密な連携を保ち、一体性のある行動・動作を行う。
- 逐次、操作の分担を交替し、いずれの操作にも習熟し、実践的要領の体得に努める。

§2 小型ポンプ操法の定位

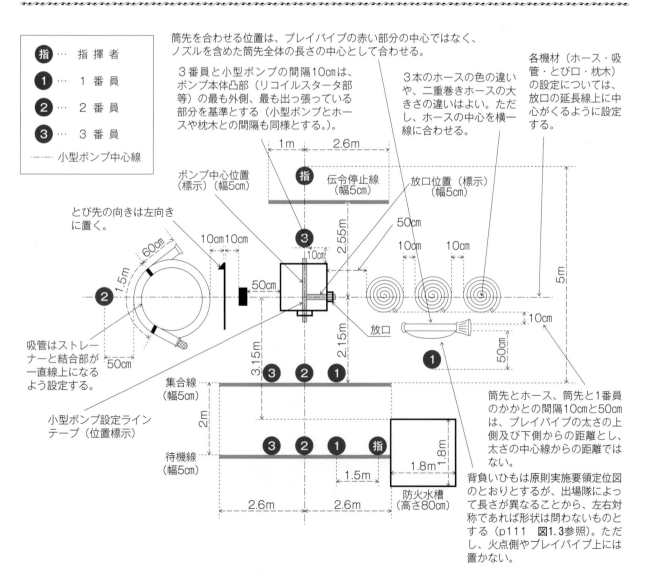

図1.1 小型ポンプ操法の定位

第1章 小型ポンプ操法の基礎知識

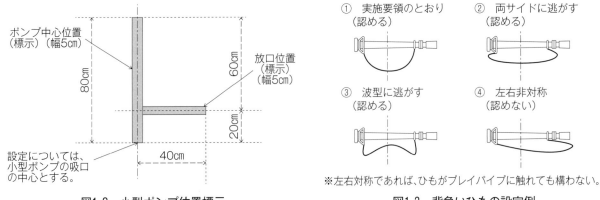

図1.2 小型ポンプ位置標示　　図1.3 背負いひもの設定例

§3 小型ポンプの基礎知識

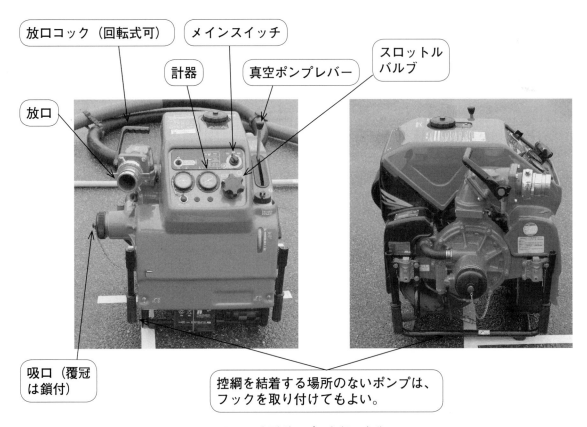

図1.4 小型ポンプの各部の名称

§4 小型ポンプ操法で使用する主な消防機械器具

　小型ポンプ操法で使用する主な消防機械器具は、右表のとおりである。
　このうち、筒先、枕木、とび口及び吸管控綱はポンプ車操法と共通のものである。
　使用消防機械器具を工作したり、ぎ装をしてはならない。

表1.1 小型ポンプ操法の消防機械器具

消防用ホース （使用圧力1.3MPa、65mm×20m以上）	3本
吸管（75mm×6m以上）	1本
筒先（23型以下の噴霧ノズル付）	1本
枕木	1個
とび口（1.5m以上）	1本
吸管控綱（10mm×10m以上）	1本

第2編　小型ポンプ操法

可変式ノズル

背負いひも
・既に空いている穴以外の部分に、自分の身体に合わせて穴を開けてもよい。余分な長さの部分はテープで止めてもよい。その際、派手な色ではなく、ベルトと同色のテープが望ましい。

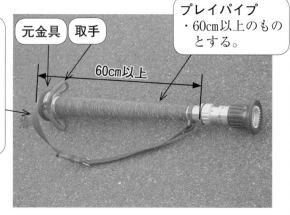

元金具　取手

プレイパイプ
・60cm以上のものとする。

図1.5　筒先

図1.6　消防用ホース

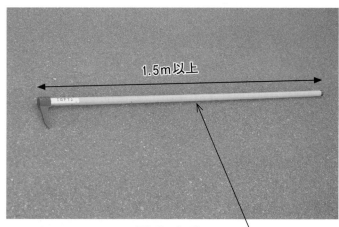

図1.7　とび口

・とび口の中央部や10cm余して握る部分には、一切目印を付けない。

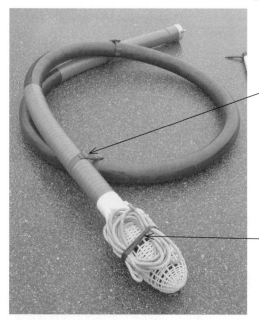

吸管バンド
・市販されているバンドとする（マジックバンドは不可）。
・ベルト式の吸管バンドは、ベルト通しから三角部分が出ていればよい。
・バンドの向きは内側、外側どちらでもよい。

ストレーナーと吸管控綱
・吸管控綱はゴムバンドで留めておくと便利である。
・固定しておくゴムバンドが落下、あるいは切れた場合は、現状復帰させること。

図1.8　吸管（小型ポンプ用）のセッティング例

図1.9　枕木

§5　服　装

※ポンプ車操法と同様である（p6「§5　服　装」参照）。

第2章 待機・集合～定位につく

§1 待機

1 2 指揮者は、待機線上に1番員の右1.5mの位置で、整列休めの姿勢で待機する。各隊員は待機線上に一列横隊の隊形で、2番員が小型ポンプの中央になるように整列し、その後、整列休めの姿勢で待機する。

「整列休め」のときの、背面における手の組み方は、左手で右手の甲と四指を軽く握り、親指を交差させる。

Point
- 整列は、かかとを待機線上（5cm幅間）で合わせる。

§2 操法開始合図

1 2 3 審査班長が白旗を正面水平の位置から、真上に振り、「**操法開始**」と合図する。

Point
- 開始の合図は、直接口頭により開始の意思確認を行った後とする。

第2編　小型ポンプ操法

§3　集　合

1　集合指揮位置へ移動（指揮者）

① （合図により）指揮者は、整列休めの姿勢から基本の姿勢をとり、
② 集合指揮位置の方向に、半ば右向けを行い（ホース等の外側を迂回するため）、
③ 足を引きつけ、基本の姿勢となり、
④ 次いで、かけ足行進の要領で、左足から発進し、
⑤ 集合指揮位置にいたって、左向け止まれの要領で、
⑥ 左足を引きつけて停止し、

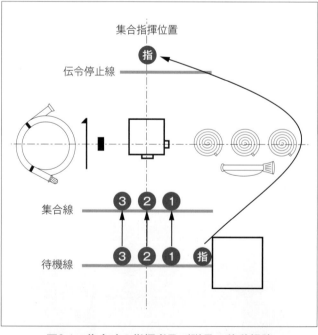

図2.1　集合時の指揮者及び隊員の移動経路

第 2 章　待機・集合〜定位につく

> **7**　両手を下ろし、基本の姿勢で「**集まれ**」と号令する。

2　隊員集合

> **1**　各隊員は、整列休めの姿勢から、指揮者の「**集まれ**」の号令で基本の姿勢をとり、
> **2**　次いで、かけ足行進の要領で、手を軽く握って腰に上げ、
> **3**　左足から第1歩を踏み出し、

> 👉 **Point**
> ・（集合時又は収納時に）集合線に入るときは、集合線を見ながら入らないこととする。

> **4**　おおむね2歩半で集合線にいたり、
> **5**　両手を下ろして、基本の姿勢をとる。

👉 **Point**
・集合線にかかとを合わせる。p9の「図2.2　集合線における足の位置（良い例・悪い例）」を参照。

3　自主整頓

> 1　次いで、2番員を基準にして自主整頓を行う。
> 　＊1番員は、基本の姿勢のまま頭を2番員の方向に向けて整頓する。
> 　＊2番員は、右手を側方に張り、頭を正面に向けたまま前方を直視する。
> 　＊3番員は、右手を側方に張り、頭を2番員の方向に向けて整頓する。
> 2　整頓が完了したなら、頭を正面に向け、基本の姿勢をとる。

Point
- 1番員は、整頓が完了したと判断したなら「よし」と小声で合図してもよい。
- 2番員・3番員が手を下ろすタイミングは、「同時一斉に」でもよいし、「2番員・3番員の順」でもよい。

§4　点　呼

> 1　指揮者は、隊員が集合線に整列を完了したとき、「**番号**」と号令する。
> 2　号令により1番員から順に、各自の番号を呼唱する。

Point
- 指揮者は基本の姿勢で号令をかける。首を振って監視をしてもよいが、上体を前後左右に動かしたりしてはならない。
- 隊員の番号の呼唱は、声量、タイミング等、斉一を期するよう留意する。

§ 5 開始報告

1 開始報告位置へ移動（指揮者）

1 2 指揮者は基本の姿勢から、審査班長の方向にまわれ右を行い、
3 足を引きつけて基本の姿勢をとり、
4 次いで、手を軽く握って腰に上げ、
5 かけ足行進の要領で、左足から第1歩を踏み出し、

Point
・ 開始報告の間、各隊員は基本の姿勢で待つ。

6 審査班長の前方5mの位置で停止し、
7 手を下ろして基本の姿勢をとる。

2 開始報告

> 1. 次いで、挙手注目の敬礼を行い（審査班長、答礼）、
> 2. 審査班長が手を下ろした後、
> 3. 指揮者は手を下ろし、基本の姿勢で「○○県（都道府）○○市（町村）消防団、ただいまから**小型ポンプ操法を開始します**」と報告する。
> 4. 審査班長が「**よし**」と答えた後、再び挙手注目の敬礼を行い（審査班長、答礼）、

> 5. 審査班長が手を下ろした後、手を下ろし、まわれ右をし、
> 6. 足を引きつけ、基本の姿勢をとり、
> 7. かけ足行進の要領で、左足から発進し、
> 8. 集合指揮位置に戻る。

第2章 待機・集合〜定位につく

§6 想定付与

1 指揮者は、集合指揮位置で、基本の姿勢をとり「火点は前方の標的、水利はポンプ右側後方防火水槽、手びろめによる二重巻ホース1線延長」と付与する。

Point
・指揮者の号令・報告・想定付与等は、一字一句間違えないこと。
・隊員は基本の姿勢で想定を受ける。

§7 定位につく

1 指揮者

1 続いて、「**定位につけ**」と号令する（その後は、基本の姿勢で、各隊員の行動を監視する）。

2 隊員

1 号令により、
 ＊1番員は半ば右向けを行う。
 ＊2番員は度の深い左向けを行う。
 ＊3番員は基本の姿勢のまま（動かない）。
2 次いで、
 ＊1番員は左足を引きつけ、
 ＊2番員は右足を引きつけ、
 ＊3番員は基本の姿勢のまま、
3 続いて、1番員・2番員・3番員は一斉にかけ足行進の姿勢をとり、

第2編 小型ポンプ操法

4 左足から1歩踏み出して発進し、
5 所定のルートを通り（**図2.2参照**）、

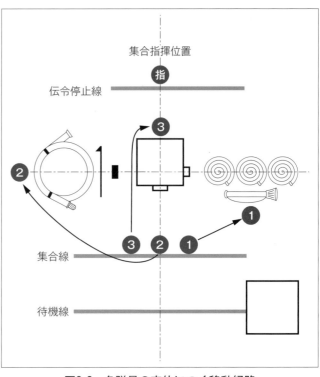

図2.2　各隊員の定位につく移動経路

6 1番員は、筒先のおおむね中央部に正対するよう、左向け止まれの要領で停止し、
7 2番員は、吸管の中央部、左側の位置で、火点に向かって停止し、
8 3番員は、ポンプの中心線上、火点側の位置で、火点に向かって左向け止まれの要領で停止し、
9 次いで、各隊員とも定位で、基本の姿勢をとる。

Point
- 3番員が定位につくときは、右向け、左向けの要領で行うこと。

第3章　第1線延長

§1　指揮者の操作

1　筒先位置へ移動

1. 指揮者は（各隊員が定位についたなら）直ちに、「**操作始め**」と号令し、
2. 3番員の「**よし**」の合図で半ば左向けをし（足を引きつけることなく）、
3. かけ足行進の要領で発進し、ホースの外側を通って、
4. 筒先の置いてある位置にいたる。

2　筒先を背負う

1. 折り膝の姿勢で、右手でノズル付近（回転部分以外）を持ち、左手で背負いひもの中央部を持ち、
2. 右手を頭上に上げると同時に、左手を右わき下にして頭と左腕を背負いひもにくぐらせ、

> **3** ノズルが右肩に、元金具が左腰の近くにくるように背負う。

Point
- 指揮者の筒先を背負う位置は、筒先の「延長線」より左右の足が完全に水利側に入っている位置とし、その際に膝及び肘等は火点側に出ていてもよい。筒先の「延長線」とは、置いた筒先の水利側のラインとする。
- 筒先を背負うときは、プレイパイプ上部を持って背負ってもよいが、左手は背負いひもの中央部とする。

3　第3ホースを担ぎ、搬送

> **1** 続いて、右手で第3ホースのめす金具部、左手でめす金具の反対側を持ち、
> **2** めす金具が上部斜め前方になるように左肩に担ぎ、めす金具部を右手から左手に持ち替え、確実に保持し、
> **3** 次いで、立ち上がり、
> **4** 進行方向に向きを変え、
> **5** かけ足行進の要領で発進して、第3ホース延長地点にいたり（ホースを搬送中、めす金具部が著しく下がらないこと）、
> **6** 左手を前方に少し下げると同時に右手にめす金具を持ち替え（左手はめす金具の反対側を保持し）、めす金具が手前になるように肩から降ろし、地面に立てる。

Point
- 指揮者が筒先を背負い、第3ホースを担いで火点に向かって発進するときは、ホースを担いだ後に立ち上がり進行方向に向きを変え、右手を腰に上げてから発進すること。

4　第3ホース展張

1. 右足先でめす金具近く（めす金具が立たない位置）を踏み、右手でおす金具を下方から確実に持ち、左手はホースに添えて展張方向を定め、
2. 前方に転がすように展張し、
3. 右手はおす金具を持ったまま左足を軸に身体を右回りに回転させると同時に、おす金具を結合しやすい位置（左足近く）に置き、
4. 身体を起こす。

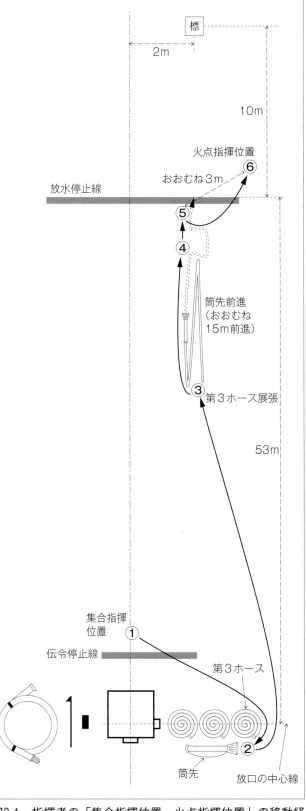

図3.1　指揮者の「集合指揮位置～火点指揮位置」の移動経路
①集合指揮位置　②筒先を背負い、第3ホースを担いで搬送　③第3ホース展張、筒先結合、筒先前進　④余裕ホース確保　⑤ノズル操作、筒先員交替　⑥火点指揮位置

5 筒先を肩から降ろし、筒先結合

1. 左手で取手近くのプレイパイプを握り、
2. 元金具を腹部から頭上へ移動させ、右手で背負いひもを持って、
3. 頭をくぐらせて外し、
4. 左手をやや前に出して右手でノズル付近（回転部分以外）を持ち、
5. 左手をプレイパイプの中央部に持ち替え、
6. 左足先で、ホースのおす金具がやや上を向くようにホース金具付近を押さえ、
7. おす金具に筒先を合わせて差し込み結合し、
8. 爪がかかっているか引いて確認する。

6 筒先を構える

1. 続いて、左手でプレイパイプ上部を持ち、
2. 右手で取手を握ると同時に、
3. ホースから左足を離して、右足を軸に火点側へ1歩踏み込み、基本注水姿勢をとる。

Point
- 基本注水姿勢は、右手は取手、左手はプレイパイプ上部を握り、握った右手を右腰に当てるようにし、仰角おおむね30度で保持し、体形は左膝をやや曲げると同時に体重を前方に置き、右足は放水の反動力を抑えるためまっすぐ伸ばし、前傾姿勢をとる。

7 筒先前進

1. 1番員が第3ホースを結合し、基本の姿勢をとったら、指揮者は「**放水始め**」と合図する。
2. 1番員の「**放水始め**」の復唱を確認後、筒先を身体から離さないよう確実に保持して、展張ホースの左側に沿っておおむね15m前進し、左足を1歩踏み出した姿勢で停止する。

8 余裕ホースの確保

1. 続いて、筒先を左上腕と腹部で抱え込み、
2. 折り膝の姿勢（又は折り膝に準じた姿勢）をとり、右手でホースをたぐり寄せて持ち（第3結合部を引きずらないようにする）、

> **3** 立つと同時に、右足を1歩大きく踏み出し、半円形を描くようにホースを広げ、
> **4** おおむね5mの余裕ホースを取り、
> **5** 右手でホースを保持しながら筒先付近のホースを修正し（後方におおむね1mの注水補助ができる場所を作る）、
> **6** その場で基本注水姿勢をとる。

👉Point
- 注水部署位置を確保した後、継ぎ足をして（一歩前に出て）基本注水姿勢をとってもよい。ただし、放水停止線を越えてはいけない。

9　ノズル操作、基本注水姿勢

> **1** 基本注水姿勢から、右手を筒先から離さないように滑らせながら、プレイパイプの中央部付近へ移動し、
> **2** 筒先を右わき下と右腕で確実に抱え、
> **3** 左手を筒先から離さず滑らせながらノズルを握り、
> **4** ノズルを徐々に棒状に開く（反動力に注意する）。

5　ノズルが完全に開いたら、左手を離さないように滑らせてプレイパイプ上部に移動させ、
6　次いで、右手をプレイパイプから離さないように滑らせ取手を握り、
7　基本注水姿勢をとり標的に注水する。
8 9　標的が倒れた後、筒先の仰角をおおむね30度に保つ。

🖐 Point

・　ノズル操作時、右手を中央部付近に移動させ筒先を抱えるが、確実に抱えるため、中央からずれても左右の手が離れていれば、中央とみなす。
・　ノズル操作時、始めは取手の外側（内側）を握っていたものを、ノズルを開閉した後、内側（外側）を握ってもよい。
・　放水中は、右手が腰部から離れたり、足の踏み換え等が生じるなどの地面を移動しないこと。

→　「第4章　筒先員交替」へ続く。

第2編　小型ポンプ操法

§2　1番員の操作

1　第1ホース展張

> 1　3番員の「よし」の合図を確認後、筒先の元金具部の位置付近に、左足を1歩踏み出し、
> 2　右手で第1ホースのめす金具部、左手でめす金具の反対側を持って、
> 3　立ち上がり、後方を確認後、
> 4　展張に便利な位置に移動し、

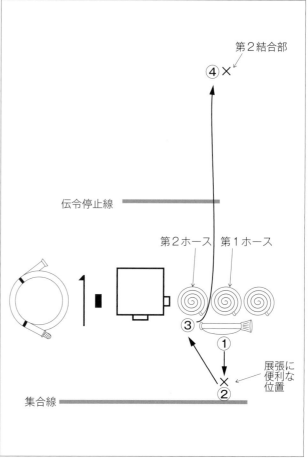

図3.2　1番員の「第1ホース展張〜第2結合」の移動経路
①左足を1歩踏み出して第1ホースを保持　②展張に便利な位置に置き、第1ホース展張　③第1結合、第2ホースを担ぐ　④第1ホースを延長して第2結合部にいたる

Point

- 1番員が第1ホースを取るとき、ホースと筒先との間に足を入れてはいけない。
- 第1ホースを展張に便利な位置に搬送するとき、1番員は後方を確認する。なお、後方確認のタイミングは、ホースを持った後とし、頭を後方に向け、目視により確認すること。

> 5　めす金具が手前になるようにホースを地面に立てて置き、
> 6　右足先でめす金具近くを踏み、右手でおす金具を下方から確実に保持し、左手は立てたホースに添えて展張方向を定め、
> 7　右手で前方に転がすように展張し、
> 8　おす金具を搬送に便利な位置（ここでは展張されたホースの右側）に、折って、静かに置く。

2　余裕ホースの確保、第1結合

> 1　右足をホースから外すと同時にめす金具側に向きを変え、めす金具を両手で持ち、
> 2　次いで、放口側に向きを変え、左手はめす金具を持ったまま、右手はホースに持ち替えて、おおむね2mの余裕ホースを取り、

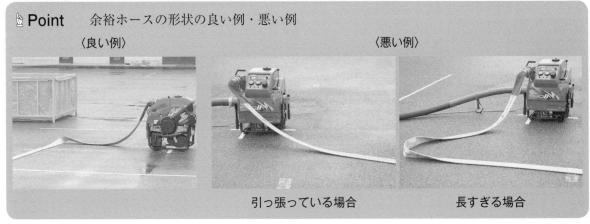

Point　余裕ホースの形状の良い例・悪い例
〈良い例〉　〈悪い例〉
引っ張っている場合　　長すぎる場合

> **3** 両手でめす金具を保持し、放口のおす金具に垂直に合わせて、差し込み結合し、
> **4** 爪が完全にかかっているか、両手ではかま部分を引いて確認する。

3　第2ホースを担ぎ、第1ホース延長

> **1** 折り膝の姿勢（又は折り膝に準じた姿勢）で、右手で第2ホースのめす金具部、左手でめす金具の反対側を持ち、
> **2** めす金具が上部斜め前方になるように左肩に担ぎ、
> **3** めす金具部を右手から左手に持ち替えて確実に保持し、
> **4** 次いで、第1ホースのおす金具を右手に持ち、腰につけ、
> **5** 立ち上がって、展張ホースの左側に沿って、第1ホースを延長し、
> **6** 第2結合部にいたり、第1ホースのおす金具をその場に静かに置く。

4　第2ホース展張

> 1　続いて、右手で第2ホースのめす金具部を、左手でめす金具の反対側を持って、
> 2　めす金具が手前になるようにして左肩から降ろして、静かに立てて置き、
> 3　右足先でめす金具近くを踏み、右手でおす金具を下方から確実に保持し、左手はホースに添えて、展張方向を定め、
> 4　前方へ転がすように展張し、
> 5　第2ホースのおす金具を、搬送に便利な位置に、折って静かに置く。

5　第2結合

> 1　右足を第2ホースから離してめす金具側に向きを変え、次いで右足先で第1ホースのおす金具を立て、
> 2　両手で第2ホースのめす金具を持ち、第1ホースのおす金具に垂直に合わせて、差し込み結合し、

> **3** 爪がかかっているか、両手ではかま部分を引いて確認する。

> 👉 Point
> ・ホース結合後、1番員は、おす金具近くを踏んだ状態のまま発進してはいけない。

6　第2ホース延長、第3結合

> **1** 続いて、右足を第1ホースから離すと同時に、火点側に向きを変えて折り膝の姿勢（又は折り膝に準じた姿勢）となり、右手で第2ホースのおす金具を持って、
> **2** 腰につけ、立ち上がり、
> **3** 左手を体側から腰に上げ、
> **4** かけ足行進の要領で展張ホースの左側に沿って前進し、第2ホースを延長し、
> **5** 第3結合部にいたり、第2ホースのおす金具をその場に静かに置く。
> **6** 続いて、立ち上がると同時に向きを変え、右足先で第2ホースのおす金具を立て、

> 👉 Point
> ・第2ホース延長の際、おす金具を腰につけた後、左手を体側から腰に上げる。

7 両手で第3ホースのめす金具を持ち、第2ホースのおす金具に垂直に合わせて、差し込み結合し、
8 爪がかかっているか、両手で引いて確認する。
9 次いで身体を起こし、右足をホースから離しながら、
10 左足に右足を引きつけて、火点に向きを変え、基本の姿勢をとる（両足かかとが第3結合部より火点側になるようにする）。

7　放水開始の伝達

1 指揮者の「**放水始め**」の合図により、「**放水始め**」と復唱し、
2 ポンプ方向にまわれ右をし（足を引きつけることなく）、
3 かけ足行進の要領で、延長ホースの左側に沿って、3番員の方向に直進し、
4 伝令停止線内で3番員に相対して停止し、基本の姿勢をとり、

第2編　小型ポンプ操法

5　右手を垂直に挙げ、「**放水始め**」と伝達し、
6　3番員が右手を垂直に挙げて「**放水始め**」と復唱し、手を下ろした後、1番員は手を下ろし、
7　次いで、火点方向にまわれ右をし（足を引きつけることなく）、
8　延長ホースの左側に沿って、最短距離を走り、
9　指揮者の1歩後方に（左足を1歩踏み出した姿勢で）いたり、「**伝達終わり**」と合図する。

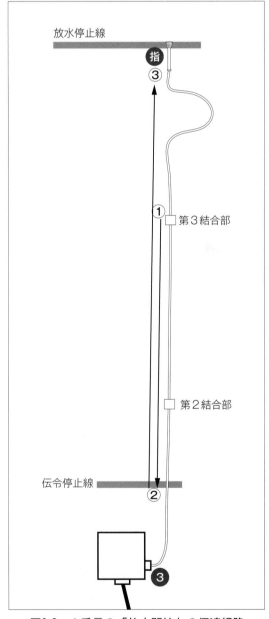

Point
・伝達時のかけ足の速度は消防訓練礼式のかけ足の歩調以上とし、緩慢であってはならない。

→「第4章　筒先員交替」へ続く。

図3.3　1番員の「放水開始」の伝達経路
①「放水始め」と復唱　②「放水始め」と伝達
③「伝達終わり」と合図

§3　2番員の操作

1　吸管伸長・搬送

1. 3番員の「よし」の合図で、ストレーナー側に右向けの要領で向きを変え（足を引きつけることなく）、発進し、
2. ストレーナー側の吸管バンド位置にいたり、右足を立てた折り膝の姿勢で、ストレーナー側の吸管バンドを両手で外し、
3. 3番員と呼吸を合わせ、両手で吸管を腰部まで持ち上げ、
4. 吸管がよじれないように伸ばしながら、ポンプ後方に伸長する。

Point

- 吸管バンドの取り外しは確実に行うものとし、取り外したバンドが吸管上に残ったまま吸管操作をしないこと。

〈悪い例〉　　　　　　　　　　　　　　　　　　　　　　　〈良い例〉

2　吸管結合補助

1. 次いで、吸管を吸口に結合しやすい位置に静かに置く。
2. 続いて、立ち上がると同時に、ポンプ方向に向きを変え、発進し、
3. 3番員の2歩後方にいたって、
4. 吸管をまたぎ、
5. 両手で吸管を持ち、両足のふくらはぎで吸管をはさみ（両かかとを接する）、
6. 左手を吸管の下側、右手を吸管の上に添えて補助する。

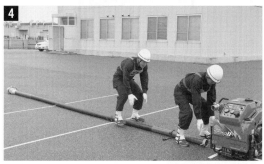

Point

・吸管補助の位置は、3番員の2歩後方おおむね140cmを基準とする。

3　水利への搬送、吸管投入

1. 3番員の「よし」の合図で、両手・両足を吸管から離すと同時に、左足を軸に右足で吸管をまたぎながら、
2. ストレーナー方向に向きを変え、

3 かけ足行進の要領で、
4 ストレーナー付近の左側にいたり、
5 折り膝の姿勢（又は折り膝に準じた姿勢）で、吸管を両手で左腰部まで持ち上げ、
6 3番員の「よし」の合図で顔を水利側に向け、

7 3番員と歩調を合わせて左足から2歩半で吸管投入に便利な位置まで進み（吸管を両手で左腰部に抱えるように保持し、重心はストレーナー側にかけて水利方向を見ながら進む。）、
8 吸管を投入に便利な位置に置き、
9 右足を立てた折り膝の姿勢で控綱を取り外して、右脇に置き、
10 右手で控綱の根元と端末を持ち、左手で吸管を保持して立ち上がり、

Point

- 吸管を吸管投入に便利な位置に搬送するときは、吸管の保持が確実になされる持ち方であれば、手の甲の向きは問わない。

11 「よし」と合図して、右足を半歩前に踏み出し、
12 静かに投入する。

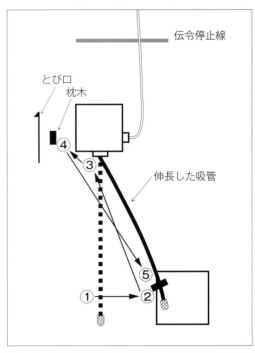

図3.4　2番員の「吸管投入〜枕木取付け」の移動経路
①—②吸管投入に便利な位置に2歩半進む　②吸管投入　③控綱結着　④枕木を保持　⑤枕木を取り付ける

4　控綱結着

1 吸管投入後、控綱の端末を右手に持ち右腰につけ、
2 左手は体側につけてポンプ方向に向きを変え、
3 かけ足行進の要領で、吸管の左側に沿って進み、
4 ポンプ後部にいたり、左足を立てた折り膝の姿勢で、控綱を「もやい結び及び半結び」で結着する。

Point
- 控綱搬送時に、控綱の端末を持っている右手は振らない。
- 強固な位置に、端末をおおむね10cm残して結着する。

5　枕木搬送、取付け

1. 控綱結着後、立ち上がると同時に、
2. 右足を1歩踏み出し、枕木の右側にいたり、
3. 右足を立てた折り膝の姿勢で枕木を両手で持ち、左腰部（右腰部）に当て、
4. 立ち上がって後方に向きを変え、
5. かけ足行進の要領で、枕木取付け部まで搬送し、
6. 枕木を吸管の下に敷き、両手で取り付ける（いたりの姿勢で行う）。

6　とび口搬送、とび口を構える

1. 枕木を取り付けた後、とび口の方向に向きを変え、
2. かけ足行進の要領で、とび口の右側にいたり、

Point
- 枕木取付け位置は吸管が水利にかかる曲折部とする。

第 2 編　小型ポンプ操法

> 3　折り膝の姿勢で、両手でとび口を持ち（左手は中央部）、
> 4　立ち上がると同時に、左わき下に抱え（右手は真下に下ろす）、

👉 Point
- とび口を地面に置くときや、地面から左わき下に抱えるときは両手（交差しても構わない）で行う。その際、左手は中央部を持つが、右手は前・後どちらでもよい。

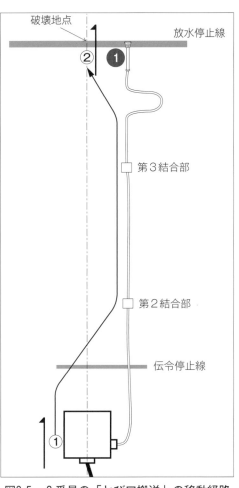

図3.5　2番員の「とび口搬送」の移動経路
①とび口を持つ　②とび口を構える

> 5　次いで、かけ足行進の要領で発進し、
> 6　延長ホースの左側に沿って最短距離を進み、
> 7　破壊地点で左足を1歩踏み出した姿勢で停止し、
> 8　左手で柄の中央部を、右手で柄の後部（後端からおおむね10cmを残した位置）を持って、とび口を構える。

👉 Point
- とび口搬送時のかけ足の速度は消防訓練礼式のかけ足の歩調以上とし、緩慢であってはならない。

§4　3番員の操作

1　吸管伸長、搬送

> 1　指揮者の「**操作始め**」の号令で、「**よし**」と合図し、吸管側に左向けの要領で、左に向きを変え、
> 2　発進し、

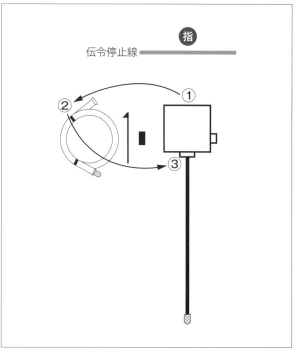

図3.6　3番員の「吸管伸長〜吸管結合」の移動経路
①定位　②吸管バンドを外し、2番員と吸管を伸長、搬送　③吸管結合

> 3　吸管バンドの位置にいたり、
> 4　右足を立てた折り膝の姿勢で、吸管バンドを両手で外し、
> 5 6　2番員と呼吸を合わせて、結合金具近くの吸管を両手で腹部まで持ち上げ、

7 吸管がよじれないように伸長しながら、ポンプ後方に搬送し、
8 吸管を結合しやすい場所に、静かに置く。

Point
- 吸管搬送時、とび口の柄はまたがない。
- 吸管伸長操作時、3番員は吸口を確認しながら、その位置にいたってよいが、身体の向きはストレーナー方向に向いていること。
- 吸管を置いたときの音は、少々はよい（手荒く置かなければよい）。

2　吸管結合

1 ポンプ方向に向きを変えて、吸口に面して吸管左側で、
2 折り膝の姿勢（又は折り膝に準じた姿勢）で、ポンプの吸口覆冠をはずし、

3 次いで、立ち上がって吸管をまたぎ、
4 吸管の結合金具を両手で持つと同時に両足ふくらはぎではさみ、
5 両手で吸口に結合する。

Point
- 3番員が吸管をポンプ後方に伸長し、ポンプ側を向く時機は、吸管を置いてからとすること。ストレーナー側から吸口側への方向変換は、折り膝に準じた姿勢等、動作の流れでよい。
- 3番員が「結合金具を両手で持ち結合する」とき、金具部分に両手がかかっていれば、角の部分のみを持つ等の限定はしない。

3 吸管投入補助

> **1** 吸管結合後、「よし」と合図し、両手・両足を吸管から離すと同時に、左足を軸に右足で吸管をまたぎながら、
> **2** ストレーナー方向に向きを変え、かけ足行進の要領で発進し、
> **3** 吸管左側中央部付近にいたり、

📖 Point
- 吸管から両手・両足を離す際、音を立てないようにするため、足を開いた後、吸管を置いてもよい。

> **4** 2番員と協力して折り膝の姿勢（又は折り膝に準じた姿勢）で、吸管を両手で左腰部まで持ち上げ、
> **5** 「よし」と合図し、顔を水利側に向け、
> **6** 2番員と歩調を合わせて左足から2歩半で、2番員が吸管投入に便利な位置まで進み、

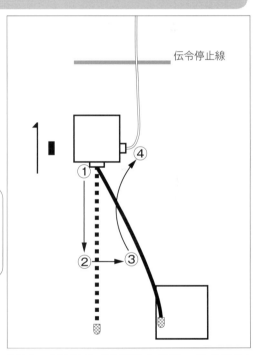

図3.7 3番員の「吸管投入補助〜揚水操作」の移動経路
①向きを変えて吸管中央部に発進 ②—③吸管投入に便利な位置に2歩半進む ③吸管投入補助 ④揚水操作、「放水始め」の伝達受領、送水操作

第 2 編　小型ポンプ操法

7　2番員が控綱を取り外す間、3番員は吸管を持ったままで待ち、
8　次いで、2番員がストレーナー部を持って立ち上がり「よし」と合図したら、
9　2番員の動きに合わせて、右足を半歩前に出し、吸管投入の補助をする。

4　揚水操作、余裕ホース配意

1　ポンプ方向に向きを変え、
2　かけ足行進の要領で発進し、途中、吸管接地部をまたぎ、
3　計器側に踏み出した姿勢でいたり、エンジンを始動し、真空ポンプレバー、スロットルバルブを操作して揚水操作を行った後、
4　火点に向かって基本の姿勢をとる。

👉 Point
・　揚水時、小型ポンプが著しく動かないようにする。

5 次いで、右足を横に開き、余裕ホースに配意した後、
6 再び、火点に向かって基本の姿勢をとり、放水開始の伝達を待つ。

5 放水開始の伝達受領、送水操作

1 1番員と基本の姿勢で相対し、
2 1番員の「**放水始め**」の伝達に、右手を垂直に挙げ、「**放水始め**」と復唱し、
3 右手を下ろして左足を斜め前方に1歩踏み出し、
4 一方の手で放口コックを全開にするまで徐々に開き、同時に計器に配意しながら他方の手でスロットルバルブを操作し、
5 適正な送水圧力が確保されて送水が安定したら、
6 左足を引きつけ、火点に向かって基本の姿勢をとる。

Point
- 第1線延長及び放水中止時において放口コックを全開又は全閉する場合は、徐々に開閉するものとし、急速にコックを開閉しないこととする。
- 3番員は標的を落とすまでは計器を見ながら圧力調整をしてよいが、標的を落とした後や筒先員交替時に、指揮者及び1番員のふらつき防止や筒先のぶれ防止を目的とするような減圧はしない。

第4章 筒先員交替

§1 筒先員交替

指揮者と1番員は、筒先員交替を行う。

> **1** 1番員が注水部署位置にいたり、「**伝達終わり**」の合図をしたら、指揮者は「**筒先員交替**」と号令する。
> **2** 号令により1番員は斜め前方に向きを変え、かけ足行進の要領で、
> **3** 指揮者の左斜め前方にいたる。

> **Point**
> ・ 筒先員交替の時機は、標的を落とした後とする。
> ・ 1番員が筒先交替で、指揮者の左斜め前方に移動するときの方向変換はしてもしなくてもよい。

> **4** 指揮者は左手をプレイパイプから離さないように滑らせながら、取手の方向に一握り下げる。
> **5** 同時に、1番員は左手でプレイパイプ上部を確実に握る。

| 6 | 指揮者は、左足を斜め後方に半歩下げる。
| 7 | 次いで、1番員は右手で取手を握ると同時に、
| 8 | 右足を指揮者の右足近くに1歩踏み入れ（このとき、指揮者は左手を離すと同時に、取手部を右手と腹部で確実に保持する）、
| 9 | 筒先及び取手を確実に保持し、基本注水姿勢をとったならば、「よし」と合図する。

| 10 | 指揮者は、1番員の「よし」の合図で、取手から右手を離し、
| 11 | 右足を1歩後方に引き、
| 12 | 後方に向きを変え、かけ足行進の要領で発進し、
| 13 | ホースをまたぎ、

Point
- 1番員が右足を1歩踏み入れるのは、取手を持つと同時か、又は取手を持った後とする。
- 6 で指揮者は「左足を斜め後方に半歩下げる」となっているが、1番員の左足横付近でよい。

Point
- 転倒やつまずき等を未然に防止するためホース等をまたぐ場合については接地部とする。

第2編　小型ポンプ操法

> **14** 火点指揮位置（1番員の斜め右前方、おおむね3mの位置）に停止し、
> **15** 基本の姿勢をとり、火点を監視する。

> **Point**
> ・指揮者の火点状況監視・鎮圧状況監視は、目視でよいものとする。

§2　延長体系図

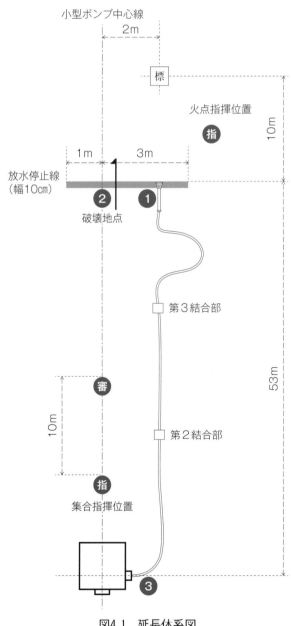

図4.1　延長体系図

第5章　放水中止

§1　放水中止合図

> **1 2** 審査副班長が、赤旗を正面水平の位置から、真下に振り、「**放水中止**」と合図する。

§2　指揮者の操作

1　放水中止の号令、操作状況監視

> **1**（合図により）指揮者は、火点監視の姿勢から、1番員の方向（大きく左）に向きを変え、
> **2** 基本の姿勢で「**放水止め**」と号令し、
> **3 4** 基本の姿勢のまま頭のみを動かし、各隊員の操作状況を監視する。

2　火点の鎮圧状況監視

1. 2番員が3番員に「**放水止め**」の伝達をした後、1番員の1歩後方で停止し「**伝達終わり**」の合図をし、
2. 破壊地点に戻り、とび口を立てるのを確認したら、
3. 指揮者は、火点方向（大きく右）に向きを変え、基本の姿勢で火点の鎮圧状況を監視する。

Point
- 1番員が排水作業中であっても火点方向（大きく右）に向きを変える。
- 指揮者の火点状況の監視は、目視でよい。

§3　1番員の操作

1　放水中止

1. 指揮者の「**放水止め**」の号令で、基本注水姿勢から筒先を右わき下にしっかり抱え、
2. 右手を筒先から離さないように滑らせながらプレイパイプの中央部付近に移動させて、筒先を右わき下と右腕で完全に抱え、

> 3　次いで、左手を筒先から離さないように滑らせてノズルを握り、徐々にノズルを閉め（完全に閉める）、
> 4　再び左手を筒先から離さないように滑らせて、プレイパイプ上部を握り、
> 5　次いで右手も筒先から離さないように滑らせながら、
> 6　取手を握って、基本注水姿勢をとり、「**放水止め**」と復唱する。

2　排水操作

> 1　2番員の「**伝達終わり**」の合図で、右手を筒先から離さないように滑らせてプレイパイプの中央部付近へ移動させて、右わき下に筒先をしっかり抱え、
> 2　次いで、左手を筒先から離さないように滑らせてノズルを握り、ノズルを徐々に開いた後、
> 3　筒先を上方から下方に向け、排水する（ノズルを全開にする）。
> 4　審査副班長が、赤旗を正面斜め前方に振り、「**排水止め**」と合図する。

> **Point**
> ・排水作業時のノズルの開放については、圧力のかかった状態から、基本注水姿勢でノズルを徐々に開いて、一旦圧力を抜き、その後ノズルを下方に向けて、安全に排水する。
> ・排水止めの合図は、1番員が排水操作でノズルを上向きで開いた時点から、約10秒後とする。

5 (合図により) ノズルを完全に閉める。
6 次いで、左手をノズルからプレイパイプ上部に滑らせながら握り替え、
7 右手でノズルを握り、「よし」と合図して、筒先を立て、
8 左手を離すと同時に、左足を右足に引きつけ、姿勢を正す（筒先は右足際に立てたまま）。

Point
・ 1番員の排水操作終了後、「右手でノズルを握り」とは、右手でノズルを横から握り、右足際に置いて立ち上がるものとする。ただし、姿勢を正したときに、筒先が地面から浮いてしまう場合は、筒先を置いた後、右手でノズルを上から握ってもよいものとする。

§4　2番員の操作

1　放水中止の伝達

1 1番員の「**放水止め**」の復唱に、とび口を構えたまま「**よし**」と呼唱し、
2 次いで、折り膝の姿勢（又は折り膝に準じた姿勢）で、とび口をその場に両手で静かに置き、

第5章 放水中止／2番員

> 3 立ち上がって、ポンプ方向に向きを変え（足は引きつけることなく）、
> 4 かけ足行進の要領で発進し、延長ホースの左側に沿って前進し、
> 5 伝令停止線内の位置で3番員に相対して停止し、基本の姿勢をとり、
> 6 右手を横水平に挙げ、「**放水止め**」と伝達し、
> 7 3番員が右手を横水平に挙げ、「**放水止め**」と復唱し、
> 8 3番員が手を下ろした後、手を下ろして、基本の姿勢をとり、

> 9 次いで、火点方向にまわれ右の要領で向きを変え（足を引きつけることなく）、
> 10 かけ足行進の要領で発進し、延長ホースの左側に沿って前進し、

Point
- 伝達時のかけ足の速度は消防訓練礼式のかけ足の歩調以上とし、緩慢であってはならない。

> 11　1番員の1歩後方の位置に停止し、
> 12　基本の姿勢をとって「**伝達終わり**」と合図する。

2　とび口を立てる

> 1　「伝達終わり」の合図の後、破壊地点の方向に向きを変え（足を引きつけることなく）、かけ足行進の要領で発進し、
> 2　とび口の左側中央部付近に、左足を一歩踏み出した姿勢で停止し、
> 3　折り膝の姿勢（又は折り膝に準じた姿勢）で、とび口を両手で持ち、
> 4　身体を起こして左足を右足に引きつけると同時に、とび口を右足際に立てて姿勢を正す。

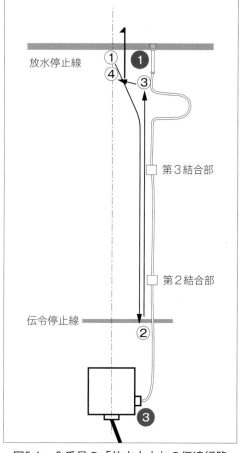

図5.1　2番員の「放水中止」の伝達経路
①とび口を置く　②「放水止め」と伝達
③「伝達終わり」と合図　④とび口を構える

§5　3番員の操作

1　放水中止の伝達受領、放水停止

> **1**　スロットルバルブを操作し、エンジン回転を下げる（放水停止に伴いエンジン回転が著しく上昇した場合の操作であり、必要ない場合はやらなくてよい）。
> **2**　その後、基本の姿勢で伝達の2番員を待ち、2番員が来たら、2番員に基本の姿勢で相対して、「**放水止め**」の伝達に右手を横水平に挙げ、「**放水止め**」と復唱し、
> **3**　直ちに手を下ろして、基本の姿勢をとり、
> **4**　次いで、ポンプ側に左足を1歩踏み出し（足を引きつけることなく）、

> **5**　計器に配意しながら、放口コックとスロットルバルブを並行して操作して、
> **6**　放口を完全に閉め、
> **7**　身体を起こすと同時に火点に向きを変え、基本の姿勢をとる。

第 6 章　収　納

※本章は全国消防操法大会で採用されている「収納」方法です。「全部の収納」は第 8 章をご覧ください。

§1　収納合図

1 2 審査副班長が、赤旗を横水平の位置から、真下に振り、「**収納**」と合図する。

§2　指揮者の操作

1　収納の号令、集合指揮位置へ移動

1 （合図により）指揮者は、火点監視の姿勢から、
2 1番員の方向（大きく左）に向きを変え、基本の姿勢で「**おさめ**」と号令し、
3 1番員が筒先を離脱して完全に背負うのを確認した後、火点側余裕ホースの先端方向に向きを変え（足を引きつけることなく）、
4 1番員と合わせて、かけ足行進の要領で発進し、

> 5 6 延長ホースの右側に沿って最短距離を進み
> （**図6.1参照**）、
> 7 第2結合部付近をまたぎ、
> 8 集合指揮位置で停止する。

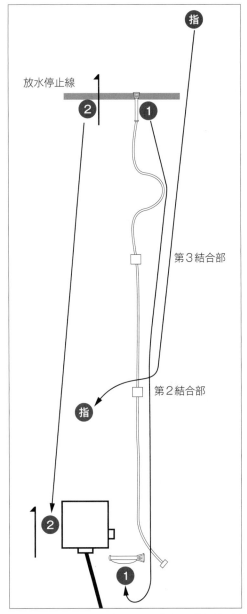

図6.1　指揮者・1番員・2番員の「収納時」の移動経路

§3　1番員の操作

1　筒先を離脱し、背負う

1. 指揮者の「おさめ」の号令に、「よし」と呼唱し、
2. 筒先を立てた位置でホースのたるみ部分をのばすと同時に、右足を斜め右前方に大きく1歩踏み出して、ホースをまたぎ、
3. 次いで左足先で、おす金具近くを押さえ、
4. 両手で爪離脱環を引いて離脱する。

Point
- 筒先をホースから離脱する要領は、立てた筒先のめす金具のたるみ部分を前に出して離脱してもよいし、前に出さず右足でホースをまたぎ、左足先でおす金具近くを押さえて離脱してもよい。

5. 次いで、左足をホースから離すと同時に右手でノズル付近（回転部分以外）を持ち、左手で背負いひもの中央部を持ち、
6. 右手を頭上に上げると同時に、左手を右わき下にして頭と左腕を背負いひもにくぐらせ、

7 ノズルが右肩に、元金具が左腰の近くにくるように背負い、
8 手を下ろす。

Point
・筒先を離脱し、おす金具近くを押さえていた左足を離してから、筒先を背負う動作に移る。

2 筒先搬送

1 火点側余裕ホースの先端方向に向きを変えて、かけ足行進の要領で発進し、余裕ホース（火点側）の先端を通り、
2 3 最短距離を進み（p157 図6.1参照）、
4 延長ホースの右側を通り、
5 筒先収納位置に回り込んで（右回り）、
6 いたりの姿勢で止まる。

3 筒先を肩から降ろし、収納

1. 折り膝の姿勢となって、
2. 左手で取手近くのプレイパイプを握り、
3. 元金具を腹部から頭上へ移動させ、
4. 背負いひもを右手で持って頭をくぐらせ、
5. 両手で保持して、
6. 元の位置に収める。

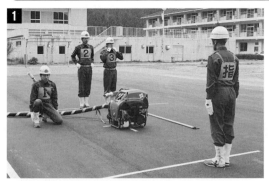

Point
- 筒先を収納するときは、折り膝の姿勢で筒先を降ろし、元の位置に収納する。
- 筒先の背負いひもは準備時と収納時で形状が同じでなくてもよいが、左右対称とすること。

§4　2番員の操作

1　とび口収納

1. 指揮者の「おさめ」の号令に、「よし」と呼唱し、とび口を少し浮かせ、
2. まわれ右の要領で、
3. 向きを変えると同時に、とび口の柄の中央部を左手に持ち替え
4. とび口搬送の姿勢と同じ要領で左わき下に抱え、かけ足行進の要領で発進し（p157　図6.1参照）、

5. 最短距離でとび口収納位置付近にいたり、
6. 右（火点方向）に向きを変え、
7. 右足を立てた折り膝の姿勢（又は折り膝に準じた姿勢）で、両手で元の位置に収める。

> **Point**
> ・とび口収納時は、水利側を向いて、いたり（左足を1歩踏み出した姿勢）、次いで火点側に向いて、とび口を置くか、又は右向け止まれの要領で停止し、その後火点側へ向き、とび口を置く。

第2編　小型ポンプ操法

§5　3番員の操作

1　エンジン停止

> ❶　指揮者の「おさめ」の号令に、「よし」と呼唱し、左足を1歩前に出し、
> ❷　エンジンを停止する。

2　第1結合離脱、余裕ホース伸長

> ❶　次いで、めす金具を両手で持ち、指先で放口の爪離脱環を手前に引いてホースを離脱し、
> ❷　余裕ホースがおおむね一直線になるように伸長し、
> ❸　折り膝の姿勢（又は折り膝に準じた姿勢）で、めす金具を両手で静かに置く。

§6　集合線へ移動し、身体・服装の点検

　負傷の有無、服装の乱れを点検し、整える。
　各隊員は、各々の収納操作終了後、集合線にいたり、基本の姿勢で身体・服装の点検を行う。
　指揮者は、集合指揮位置にて各隊員の収納操作終了を確認した後、直ちに基本の姿勢で身体・服装の点検を行う。
　※身体・服装の点検要領は、p88の「第7章　身体・服装の点検」と同じ。

第7章 報告・解散

§1 点検報告

1 自主整頓（隊員）

1. 最後の操作員が服装点検を終えたら、隊員は基本の姿勢をとり、
2. 2番員を基準に、自主整頓を開始する。
   * 1番員は基本の姿勢のまま、頭のみ2番員の方向に向け、整頓する。
   * 2番員はポンプ中央部で右手を側方に張り、前方を直視する。
   * 3番員は右手を側方に張り、2番員の方向に頭を向け、整頓する。
3. 整頓が完了したならば（このとき、1番員は「よし」と小声で合図してもよい）、全員、頭を正面に向け、基本の姿勢をとる。

2 点検報告の号令、受領（指揮者）

1,2 指揮者は、隊員が自主整頓を終了し基本の姿勢をとったら、基本の姿勢から「**点検報告**」と号令し、
※以後、1番員～3番員の点検報告に対して、「よし」と呼唱する。

3 点検報告（隊員）

(1) 1番員

> 1 「**点検報告**」の号令により、1番員は半ば左向けを行い、
> 2 基本の姿勢で「**1番員異常なし**」と報告し、
> 3 指揮者の「**よし**」の呼唱後、半ば右向けを行い、
> 4 正面に復す。

(2) 2番員・3番員

1番員の動作等に準じて、2番員・3番員の順に報告を行う。

> 1 2番員は、そのままの姿勢で、「**2番員異常なし**」と報告し、指揮者が「**よし**」と呼唱する。
> 2 3 3番員は、指揮者の方向に半ば右向けを行い、指揮者に相対し、基本の姿勢で「**3番員異常なし**」と報告し、指揮者の「**よし**」の呼唱後、半ば左向けを行い、正面に復す。

👉 Point
- 各隊員は、報告間隔、動作の斉一を期する。

第7章 報告・解散

§2 終了報告

1 終了報告位置へ移動（指揮者）

❶ 指揮者は隊員の点検報告終了後、直ちに集合指揮位置から審査班長の方向にまわれ右を行い、足を引きつけて基本の姿勢をとり、
❷ 次いで手を腰に上げ、かけ足行進の要領で発進する。

2 終了報告

❸ 審査班長の前方5mの位置で停止し、基本の姿勢をとり、
❹ 審査班長に挙手注目の敬礼を行い、審査班長の答礼の後、
❺ 手を下ろし、基本の姿勢から「〇〇県（都道府）〇〇市（町村）消防団、小型ポンプ操法を終了しました」と報告し、
❻ 再び挙手注目の敬礼を行い、
❼ 審査班長答礼の後、まわれ右をして、かけ足行進の要領で発進し、
❽ 集合指揮位置に移動し、各隊員に相対して停止する。

第 2 編　小型ポンプ操法

§3　解　散

1　指揮者

1. 指揮者は、基本の姿勢で、「**わかれ**」と号令し、
2. 各隊員の敬礼に対して挙手注目の敬礼で答礼し、手を下ろす。

2　隊員

1. 指揮者の「**わかれ**」の号令で、1番員は半ば左向け、2番員はそのままの姿勢、3番員は半ば右向けを行い、
2. 各隊員一斉に、挙手注目の敬礼を行う。
3. 指揮者の答礼の後、一斉に手を下ろし、
4. 正面に復し、その後、解散する。

§4　撤　収

指揮者は「**撤収**」と号令し、各隊員は各資器材を収納する。

— 166 —

第8章 全部の収納

§1 指揮者の操作

1 収納合図、収納の号令、第3結合部へ移動

※p156・157の「§1　収納合図」及び「§2　指揮者の操作」の**1**〜**6**に準じて行う。
※移動経路は、p168の「図8.1　指揮者の「収納時」の移動経路」を参照。

2 第3結合離脱

1 第3結合部に右向け止まれの要領(開脚)で、ホースに正対して止まり、
2 左足先で第2ホースのおす金具がやや上を向くように押さえ、
3 両手で爪離脱環を引いて離脱し、その場にめす金具を静かに置き、
4 身体を起こすと同時に、左足をホースから離す。

3 第2結合部へ移動、第2結合離脱

1 第3結合を離脱した後、ポンプ方向に向きを変えて発進し、
2 第2結合部に右向け止まれの要領(開脚)で、ホースに正対して止まる。

※以下、上記の「2　第3結合離脱」の**2**〜**4**に準じて行う。

4　第1ホース収納、搬送

> **1**　第2結合離脱後、折り膝に準じた姿勢で、両手で第1ホースのおす金具から巻き始め、
> **2 3**　ホース内の残水を押し出すようにうず巻きに（凹凸ができないように）巻いていき、
> **4**　巻き終わったら、めす金具のはかま付近で右へ倒し、ホースを整理する。
> **5**　次いで、折り膝の姿勢（又は折り膝に準じた姿勢）で、右手でめす金具部、左手でめす金具の反対側を持って立ち上がり、

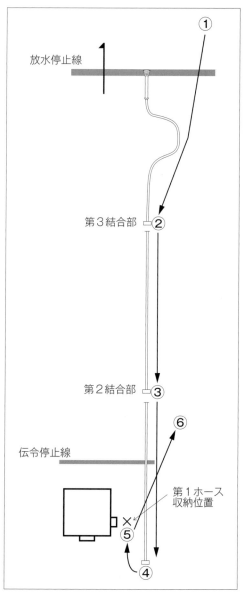

図8.1　指揮者の「収納時」の移動経路
①火点指揮位置　②第3結合離脱　③第2結合離脱　③—④第1ホース収納　④—⑤第1ホース搬送（2歩以上必要な場合はホースを担いで搬送する）　⑤第1ホースを元の位置に収める　⑥操作指揮位置

> 6 ホース収納位置に向きを変え、
> 7 折り膝の姿勢（又は折り膝に準じた姿勢）で、元の位置に収納する。

5 操作指揮位置へ移動、収納操作状況監視

> 1 続いて立ち上がり、操作指揮位置に向きを変えて発進し、
> 2 操作指揮位置（ポンプ右側方4m、ポンプ前方5m）に左向け止まれの要領で停止して、基本の姿勢で各隊員の収納操作状況を監視する。

§2　1番員の操作

1　筒先を離脱し、背負う

※ p158・159の「1　筒先を離脱し、背負う」に準じて行う。

2　余裕ホース伸長

> 1 筒先を背負った後、第3ホースのおす金具へ回り込み、
> 2 折り膝の姿勢（又は折り膝に準じた姿勢）で、両手で第3ホースのおす金具を持って余裕ホースを伸長する。

3　第3ホース収納、搬送（筒先も同時搬送）

1. 指揮者が第3結合を離脱した後、折り膝に準じた姿勢で、両手で第3ホースのおす金具から巻き始め、
2. ホース内の残水を押し出すようにうず巻きに（凹凸ができないように）巻いていき、
3. 巻き終わったら、めす金具のはかま付近で右へ倒し、ホースを整理し、
4. 折り膝の姿勢（又は折り膝に準じた姿勢）で、右手でめす金具部、左手でめす金具の反対側を持って、
5. めす金具が上部斜め前方にくるように持ち上げて、左肩に担ぎ、

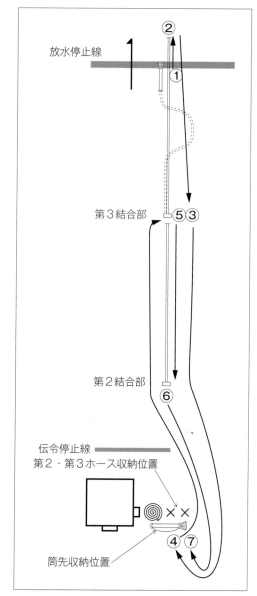

図8.2　1番員の「収納時」の移動経路
①筒先を離脱し、背負う　①―②余裕ホース伸長　②―③第3ホース収納　③―④第3ホース搬送　④第3ホース及び筒先を元の位置に収める　⑤―⑥第2ホース収納　⑥―⑦第2ホース搬送　⑦第2ホースを元の位置に収める

6 めす金具部を右手から左手に持ち替え、左手でめす金具部を確実に保持すると同時に、右手を下ろし、
7 立ち上がって、ポンプ方向に向きを変え、発進し、ホース右側を通り、
8 ホース収納位置にいたり、折り膝の姿勢（又は折り膝に準じた姿勢）となり、
9 左手を前方に少し下げると同時に、右手にめす金具部を持ち替え（左手はめす金具の反対側を保持して）、両手でホースを降ろし、元の位置に収める。

4　筒先を肩から降ろし、収納

1 次いで、左手で取手近くのプレイパイプを握り、
2 元金具を腹部から頭上へ移動すると同時に、右手で背負いひもを持って頭をくぐらせ、
3 筒先を降ろし、
4 両手で保持して、筒先収納位置に収める。

5　第3結合部へ移動

> 1　続いて、立ち上がって、第2ホースの方向に向きを変え、発進し、
> 2　第2ホースのおす金具部に、右向け止まれの要領で大きく回り込み、左足を軸に右に回転しながら右足を後方（火点側）へ引きポンプ方向を向いて止まる。

6　第2ホース収納、搬送

※p170・171の「3　第3ホース収納、搬送」に準じて行う。
※移動経路は、p170の「**図8.2**　1番員の「収納時」の移動経路」を参照。

§3　2番員の操作

1　とび口収納

※p161の「1　とび口収納」に準じて行う。
※移動経路は、p157の「**図6.1**　指揮者・1番員・2番員の「収納時」の移動経路」の2番員の経路を参照。

2　枕木を取り外す

※p99の「2　枕木を取り外す」の**2 3**に準じて行う。

3　吸管引上げ

※p99・100の「3　吸管引上げ」に準じて行う。

4　控綱を解いて、ストレーナーに取り付ける

※p100の「4　控綱を解いて、ストレーナーに取り付ける」に準じて行う。
　ただし、操作手順**1**中の「ポンプ車方向」を「ポンプ方向」に、**2**中の「ポンプ車後部」を「ポンプの控綱結着位置」に読み替える。
※移動経路は、「**図8.3**　2番員の「枕木取外し～控綱取付け」までの移動経路」を参照。

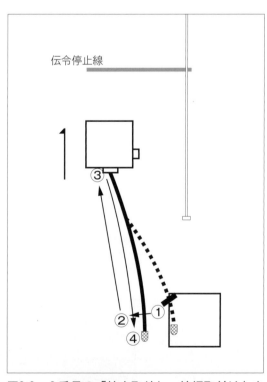

図8.3　2番員の「枕木取外し～控綱取付け」までの移動経路
①枕木取外し　②吸管引上げ　③控綱取外し　④控綱取付け

5　吸管直伸

※p101の「5　吸管直伸」に準じて行う。
　ただし、操作手順中の「4番員」を「3番員」と読み替える。

6　吸管離脱補助

> **1** 吸管直伸後、立ち上がると同時に、ポンプ方向に向きを変えて発進し、3番員の2歩後方にいたり、吸管をまたぎ、両手で吸管を持ち、両足のふくらはぎで吸管をはさみ（両足かかとを接する）、左手は吸管の下を、右手は吸管の上を持って、3番員の吸管離脱の補助に当たる。

※以下、p136の「2　吸管結合補助」の**2**〜**6**に準じて行う。

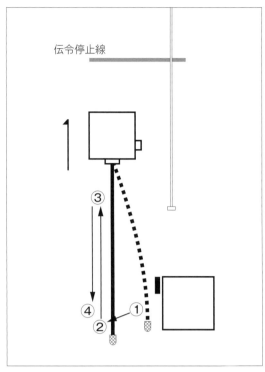

図8.4　2番員の「吸管直伸〜吸管排水」の移動経路
①—②吸管直伸　③吸管離脱の補助（吸管をまたいで操作）　③—④吸管排水（2回実施）

7　吸管排水

> **1** 続いて、3番員の「よし」の合図で、吸管から両手を離すことなく、
> **2** 左足を軸に吸管をまたぐと同時に、吸管の先端方向に身体の向きを変える。
> **3** その後、吸管を持ち上げ、両手で交互に吸管をたぐりながら、
> **4** ストレーナー結合部のおおむね1m手前まで進み、残水を排水し、

5 吸管をその場に置き、再び、3番員の方向に向きを変えて発進し、
6 3番員のおおむね1歩手前で右向け止まれの要領（開脚）で止まり、
7 ストレーナー方向に向きを変え、両手で交互に吸管をたぐりながらストレーナー結合部のおおむね1m手前まで進み、残水を排水する。
8 再び吸管をその場に置く。

8　吸管転達、輪状にして整理

1 続いて、左手は吸管のストレーナー近くを下から持ち、右手は吸管を上から押さえてストレーナー部をポンプ方向に持ち上げ、次いでストレーナー近くを右手に持ち替え、これを吸管接地部の左側に置いて輪状にし、
2 輪状になった吸管を両手で押すように転がし、3番員に転達する。
3 再び、ストレーナー付近の吸管を持ち上げ、3番員と協力して吸管を輪状にし、
4 その場で右側に寝かせ、折り膝の姿勢で整理する。

9　吸管搬送、収納

1　続いて、吸管を両手と腹部で抱えて立ち上がり（3番員と協力して吸管を持ち上げる）、
2　収納位置方向へ向きを変え、3番員と協力して搬送し、
3　吸管収納位置に止まり、折り膝の姿勢となって静かに置き、
4　ストレーナー側のバンドを取り付ける。

10　枕木収納

※ p 103・104の「8　枕木収納」の**1**～**3**に準じて行う。
　ただし、操作手順**3**中の「ポンプ車方向」を「ポンプ方向」に読み替える。

1　枕木収納位置にいたり、右足を立てた折り膝の姿勢で、両手で枕木を持って、元の位置に収める。

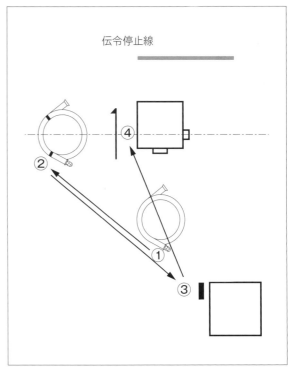

図8.5　2番員の「吸管輪状～枕木収納」の移動経路
①吸管を輪状にし、整理　①―②吸管搬送　②吸管収納　③―④枕木搬送　④枕木収納

第2編 小型ポンプ操法

§4 3番員の操作

1 エンジン停止

※p162の「1 エンジン停止」に準じて行う。

2 第1結合離脱、余裕ホース伸長

※p162の「2 第1結合離脱、余裕ホース伸長」に準じて行う。

3 吸管引上げ補助

1 余裕ホース伸長後、身体を起こすと同時に吸管方向に向きを変え、吸管接地部をまたぎ、
2 吸管投入位置からおおむね2mの位置（吸管に面する位置）にいたり、
3 2番員の吸管引上げ準備が整ったところで、両手で吸管を持つと同時に左足を後ろに半歩引き、
4 2番員の「よし」の合図で、ストレーナー方向に向きを変えながら立ち上がると同時に（吸管を右手は下から、左手は上から、左腰部に抱えるように持ち、ストレーナー側に重心をかける）右足を引いて、吸管引上げに協力する。

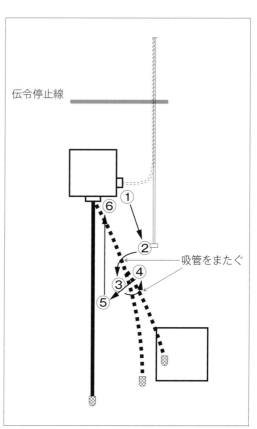

図8.6 3番員の「エンジン停止〜吸管離脱」の移動経路
①エンジン停止、第1結合離脱 ①—②余裕ホース伸長 ③吸管引上げ補助 ④—⑤吸管直伸 ⑥吸管離脱

第8章　全部の収納／3番員

4　吸管直伸

※ p105の「5　吸管直伸」に準じて行う。
　ただし、操作手順中の「右足」を「左足」に、「左足」を「右足」に、「左に回転」を「右に回転」に、「3番員」を「2番員」に、読み替える。

5　吸管離脱

> 1. 続いて、身体を起こし、吸口方向に向きを変えて発進し、
> 2. ポンプ吸口部にいたり、
> 3. 左足で吸管をまたぎ、
> 4. 両足のふくらはぎで吸管をはさみ（両足かかとを接する）、両手で結合を離脱する。

6　吸管排水

> 1. 続いて、「よし」と合図して、吸管から両手を離すことなく、左足を軸に吸管をまたぐと同時に、吸管の先端方向に身体の向きを変える。
> 2. その後、両手で吸管を持ち上げ、排水操作を行う。　※排水操作は、2番員の動きに合わせ2回行う。

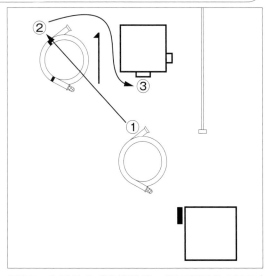

図8.7　3番員の「吸管輪状〜吸口覆冠をつける」までの移動経路

①吸管を輪状にし、整理　①―②吸管搬送　②吸管収納　③吸口覆冠をつける

7　吸管を輪状にして整理

1. 吸管の結合部付近を左手で持って、腹部近くまで持ち上げて保持し、2番員の吸管転達を受け、
2. 2番員と協力して吸管を輪状にし、
3. その場で右側に寝かせ、折り膝の姿勢で整理する。

8　吸管搬送、収納

※p175の「9　吸管搬送、収納」に準じて行う。
　ただし、4の操作では吸管バンドをつける。

9　吸口覆冠をつける

1. 続いて、立ち上がって左に向きを変え、発進し、とび口とポンプの間を通って、
2. 吸口に左向け止まれの要領で回り込み、折り膝の姿勢で吸口覆冠を付ける。

§5　集合線へ移動し、身体・服装の点検及び報告・解散

　各隊員は、各々の収納操作終了後、集合線にいたり、基本の姿勢で身体・服装の点検を行う。
　指揮者は、操作指揮位置にて各隊員の収納操作終了を確認した後、集合指揮位置へ移動し、基本の姿勢で身体・服装の点検を行う。

※身体・服装の点検要領は、p88の「第7章　身体・服装の点検」と同じ。
※報告・解散の要領は、p163～166の「第7章　報告・解散」と同じ。

2訂版（補訂）
目でみてわかる消防ポンプ操法

平成27年12月1日	初　　版　　発　行
平成29年 4月 1日	2　訂　版　発　行
平成31年 4月10日	2 訂版（補訂）発　行
令和 6年 3月15日	2 訂版（補訂）6 刷発行

編　　集　　消防ポンプ操法研究会

取材協力　　岡山県和気町消防団
　　　　　　岡山県高梁市消防団宇治分団

発 行 者　　星　沢　卓　也

発 行 所　　東京法令出版株式会社

112-0002	東京都文京区小石川 5 丁目17番 3 号	03 (5803) 3304
534-0024	大阪市都島区東野田町 1 丁目17番12号	06 (6355) 5226
062-0902	札幌市豊平区豊平 2 条 5 丁目 1 番27号	011 (822) 8811
980-0012	仙台市青葉区錦町 1 丁目 1 番10号	022 (216) 5871
460-0003	名古屋市中区錦 1 丁目 6 番34号	052 (218) 5552
730-0005	広島市中区西白島町11番 9 号	082 (212) 0888
810-0011	福岡市中央区高砂 2 丁目13番22号	092 (533) 1588
380-8688	長野市南千歳町 1 0 0 5 番地	

　〔営業〕TEL 026 (224) 5411　FAX 026 (224) 5419
　〔編集〕TEL 026 (224) 5412　FAX 026 (224) 5439
　　　　　https://www.tokyo-horei.co.jp/

Ⓒ Printed in Japan, 2015
　本書の全部又は一部の複写、複製及び磁気又は光記録媒体への入力等は、著作権法上での例外を除き禁じられています。これらの許諾については、当社までご照会ください。
　落丁本・乱丁本はお取替えいたします。
ISBN978-4-8090-2461-0